관 천 지 도　공 자 오 처 고 설
貫天指道　孔子五處高說

공자오처고설

孔子五處高說

碧峙病叟 盧萏虛 窈著

중니연거 仲尼燕居
중니한거 仲尼閒居
계사촬요 繫辭撮要
문언촬요 文言撮要
소왕심설 素王心說

附錄 : 황소도추론 黃素道樞論

공자오처고설서孔子五處高說序

북송(北宋)의 구양수(歐陽修), 장방평(張方平), 소동파(蘇東坡)등이 도설(道說)을 공부함에는, 먼저 공자(孔子)의 상어(上語)를 가려내고, 그 본지(本旨)에 합하고자 하였으며, 선종(禪宗)의 무심설(無心說)을 배워 공자(孔子)의 종지(宗旨)에 비추어 보고, 사무사(思無邪)의 본의(本意)를 궤적(軌的)하였다. 그리하여 공자(孔子)의 계사설(繫辭說)과 문언설(文言說)을 높이었으며, 중니한거(仲尼閑居)의 삼무론(三無論)등은 자성(自性)을 밝힌 뒤라야 알 수 있다고 하였다. 그리고 지숭예비(智崇禮卑)를 중사(中士)들에게 설해(說解)하며, 고래(古來)의 형례(形禮)는 범부에게 공손(恭遜)과 공경(恭敬)을 학습(學習)하게 하는 것이라 하였다. 뒤이어 황정견(黃庭堅), 진관(秦觀), 조보지(晁補之), 장뢰(張耒), 진사도(陳師道), 소철(蘇轍), 공문중(孔文仲), 왕진경(王晉卿), 미불(米芾) 등이 자득(自得)하여 도설(道說)에 종유(從遊)하였다.

그 이웃에 소견(所見)이 밝은 주염계(周濂溪)는 통서(通書)를 지어 숭고(崇古)하였고, 소강절(邵康節)은 한음(閑吟)하여 지견(知見)을 드러내었다.

그러나 소동파(蘇東坡)와 동시대를 살았던 정이(程頤)는 자신의 벽견(僻見)을 돌보지 아니하고 성(性)을 둘로 나누어 이성설(二性說)을 주장하였다. 공자(孔子)의 종지(宗旨)는 일성설(一性說)이다. 일이관지설(一以貫之說)이 공자(孔子)의 일성설(一性說)의 처음이요, 본지(本旨)이다. 여기에 군소리는 생략한다. 범부의 정견(情見)으로 사유(思惟)하면 이성설(二性說)이 당연지리(當然之理)로 보일 수 있으나, 이는 둔근(鈍根)의 칠통소견(漆桶所見)일 뿐이다.

그러한 이성설(二性說)을 따르는 무리가 있으니 양시(楊時), 나종언(羅從彦), 이동(李侗), 주희(朱熹) 등의 정이학맥(程頤學脈)이다. 남송(南宋)에 이르러 유가(儒家)에 자품(資品) 높은 이가 드물어, 주희(朱熹)등의 벽견학자(僻見學者)가 이성설(二性說)에 기반(基盤)하여, 정이(程頤)와 그 문인(門人)을 높혀 그 말을 모았으며, 주희(朱熹)가 자설(自說)을 보태 성리대전(性理大全)이라 하였으니, 지금까지도 공문(孔門)의 우환(憂患)꺼리이다.

공자(孔子)를 배우려면 모름지기 공자(孔子)의 말씀을 통해(通解)해야 하고, 나아가 자성(自性)을 밝혀 무생(無生)의 도리(道理)에 합해야 한다. 작금의 유자(儒者)들은 배공(背孔)을 종지(宗旨)로 삼고, 잡념(雜念)을 본(本)으로 삼으며, 주벽(朱僻)을 체(體)로 삼는다. 그리하여 공자(孔子)를 배우지 아니하는 것으로 긍지(矜持)를 삼는듯하다. 어찌 슬프지 아니할 것가?

돌아보건대 원(元)의 도원학고록(道園學古錄)에 의하면, 원(元)의 중기에 국가권력이 정주(程朱)의 이학(理學)을 옹호하여 국학(國學)으로 정하였다. 이는 원(元)의 정권이 경세(經世)의 편의(便宜)를 위한 임시 조처였을 따름이나, 그 폐해는 지대(至大)하였다. 뒤에 명(明)의 태조(太祖), 주원장(朱元璋)은 불학무식(不學無識)하였던바, 마황후(馬皇后)의 의견을 듣고, 원(元)을 따라 주원장(朱元璋)의 선조(先祖)인 주희(朱熹)의 학(學)을 국학(國學)으로 정하였다.

이로써 주희설(朱熹說)을 유종(儒宗)으로 삼았던 것이니, 공자(孔子)의 도학(道學)이 어지럽게 된 단초이다. 그리고 명(明)을 사대(事大)하던 조선(朝鮮)은 깊은 사유(思惟)없이, 명(明)을 따라 주희설(朱熹說)을 국학(國學)으로 정하고, 주희설(朱熹說) 외는 사문난적(斯文亂賊)이라 하고, 배박(背拍)하여 지금(只今)에 이르는 것이다.

중국(中國)의 경우, 명(明)의 중기에 이르러 정주설(程朱說)이 의심받기 시작하였다. 그 즈음, 왕수인(王守仁)이 용장(龍場)에서 간경묵좌(看經默坐)하다가 개오(開悟)하여 양지설(良知說)을 펴니, 명(明)에는 주희설(朱熹說)이 힘을 잃게 되었다. 대저 정주학(程朱學)은 원(元)과 명(明)의 정권(政權)의 힘에 의지하여 일어선 것이요, 그 설(說)이 높고 밝아서 그러한 것이 아니다.

조선(朝鮮)의 경우, 몇몇의 선유(先儒)와 이퇴계(李退溪)가 주희설(朱熹說)을 따라 읊조리며, 양명학(陽明學)을 배격하는 글을 지음에, 사림(士林)이 병창(竝唱)하여 공자(孔子)의 도학(道學)과는 멀어졌다고 하겠다.

중용(中庸)에 "天地之道는 可一言而盡也니 其爲物이 不貳라 則其生不測이니라"하였어도 주희설(朱熹說)만 신봉할 뿐, 공설(孔說)에 비추어보지 아니한다. 어찌 가소롭지 아니할 것가?

또 중용(中庸)에 "自誠明을 謂之性이요 自明誠을 謂之敎니 誠則明矣요 明則誠矣니 惟天下至誠이야 爲能盡其性이니라"하였어도 지성(至誠)을 알려하지 아니하고, 기성(其性)을 밝히려는 이가 드문지라, 조선(朝鮮)의 유학(儒學)은 둔사(鈍士)의 사변(思辨)에 떨어져 공자(孔子)의 도학(道學)을 등지게 된 것이다.

요(堯)임금이 말하였다. "아, 순(舜)아! 천도(天道)가 그대에게 있으니, 진실되이 자성[中]을 반조(返照)하라. 천하가 무도(無道)하면 천도(天道)는 영원히 드러나지 못할 것이다."하였음은 천도(天道)를 얻는 이가 일세(一世)에 한둘에 그치는 것을 의미한다. 그런데도 조선(朝鮮)의 선비들은 약간(若干)의 글을 짓고 시문(詩文)을 읊을 줄 알면 도학(道學)에 자론(自論)을 보태려 하였으니, 기대승(奇大升), 송시열(宋時烈), 기정진(奇正鎭)등이 그러하였다.

만약 천도(天道)를 배워 자기(自己)를 밝히고, 남을 이롭게 하는데 뜻이 있는 이라면, 반드시 잡설(雜說)을 지우고 공자(孔子)의 종지(宗旨)를 배워야 한다.

공자(孔子)를 배움에 유물론(唯物論)과 유신론(有神論)과 존재잡론(存在雜論)을 짊어지고 들어오면 아니 된다. 공자(孔子)의 학(學)은 오직 유심론(唯心論)이라, 유심(唯心)으로 입문(入門)하고, 일심(一心)으로 서며, 자성현현(自性顯現)으로 실상(實相)의 도(道)를 삼아야 한다.

논어(論語)에는 이분(二分)이 상어(上語)요, 맹자(孟子)에는 노소(老少)의 말이 섞여 있어 초학(初學)이 고하(高下)를 가려내기 어렵다.

상고컨대 요순(堯舜)은 다만 한마디의 도체(道體)를 보였으며, 문왕(文王)은 몇 줄의 노정문(路程文)을 보였을 뿐이다. 황제(黃帝)가 심설(心說)을 설했으나 병리(病理)와 방문(方文)에 가려져 넓혀지지 못하고, 다만 노자(老子)와 공자(孔子)가 그 묘리(妙理)를 간파(看破)하여 고괘(顧掛)하였던 것이다.

지난 오천년을 살피건대, 유문(儒門)에 공자(孔子)와 같은 인물은 보이지 아니한다. 공자(孔子)께서 하신 말씀은 그 조리(條理)가 오늘의 철학(哲學)을 넘고, 그 깊이는 관천(貫天)하였으며, 그 베품은 인간세계(人間世界)가 다해도 남음이 있을 것이다. 공자(孔子)를 올곧게 배우면 육합(六合)의 내외(內外)에 수연히 소요(逍遙)하게 될 것이니, 그 까닭은 천연(天然)의 도(道)가 그러하기 때문이다.

공자(孔子)의 교설(敎說)에는 상중하(上中下)가 있나니, 공자(孔子)의 도(道)에 합하려면 반드시 공자(孔子)의 고설(高說)에 계합

(契合)해야 한다. 고로 공자(孔子)를 배움에는 반드시 중니연거(仲尼燕居), 중니한거(仲尼閒居), 계사촬요(繫辭撮要), 문언촬요(文言撮要), 소왕심설(素王心說)의 요목(要目)을 통파(通破)해야 하는 것이다. 위의 방언(放言)으로 서를 삼는다.

忘世寂隱天 碧峙病叟

차례

공자오처고설孔子五處高說序

중니연거仲尼燕居 12目

중니한거仲尼閒居 10目

계사촬요繫辭撮要 10章

문언촬요文言撮要 9章

소왕심설素王心說 36章

附錄 : 황소도추론黃素道樞論 11章

중니연거仲尼燕居

12目

지례(至禮)란
지숭예비(智崇禮卑)하여 공손(恭遜)을 익히고
무위(無爲)의 공경(恭敬)에 나아가는 것이다.
그 요목(要目)은
명성(明性)이라, 윤집궐중(允執闕中)하여
마침내 칠정(七情)이 민멸(泯滅)하면
자성(自性)이 드러나 무위(無爲)에 거처하니라.

지숭예비 智崇禮卑

仲尼燕居어늘 子張 子貢과 言游 侍러니 縱言至於禮하여 子曰 居하라 女三人者아 吾於女禮하여 使女以禮로 周流無不偏也하리라

중니(仲尼)께서 한가로이 계시는 때에 자장(子張)과 자공(子貢)과 자유(子游)가 옆에 모시고 있었다. 여러 가지 문답(問答)을 하다가 주제가 예(禮)에 이르렀다.

공자(孔子)께서 말씀하였다. "앉아라. 너희 세 사람이여! 내 너희들에게 예(禮)에 대하여 말하여, 너희로 하여금 예(禮)가 두루하여 절도(節度)에 맞지 아니함이 없게 하리라."

碧峙解

공자(孔子)께서 계사(繫辭)에 지숭예비(智崇禮卑)라 하였으니, 연거(燕居)에 예설(禮說)을 세움이 이에 어긋나지 아니한다. 논어(論語)에 회사후소(繪事後素)라 하였음도, 자성(自性)을 밝힌 연후에 모든 거님에 예(禮)가 절로 따르는 것을 이르는 것이다. 공자(孔子)께서 지금 자장(子張)과 자공(子貢)과 자유(子游)에게 예(禮)를 설(說)하심에, 군자(君子)의 지킴과 폄을 자세히 말씀하는

것은, 제자가 지숭예비(智崇禮卑)의 정견(正見)에 나아가게 하고자 함이다.

야급역야 野給逆也

子貢이 越席而對曰 敢問하노이다 何如니이꼬 子曰 敬
자공 월석이대왈 감문 하여 자왈 경
而不中禮를 謂之野 恭而不中禮를 謂之給이오 勇而
이부중례 위지야 공이부중례 위지급 용이
不中禮를 謂之逆이라하니라 子曰 給은 脫慈仁하나니라
부중례 위지역 자왈 급 탈자인

자공(子貢)이 자리를 넘어서 묻는다. "감히 여쭈옵건데 예(禮)란 어떤 것입니까?" 공자(孔子)께서 말씀하였다. "공경(恭敬)하면서 예(禮)에 맞지 않으면 이를 야(野)라고 하고, 공손(恭遜)하면서 예(禮)에 맞지 않으면 이를 급(給)이라 하고, 용감(勇敢)하면서 예(禮)에 맞지 않으면 이를 역(逆)이라 하는 것이다." 계속해서 말씀하셨다. "급(給)이란 자인(慈仁)을 빼앗는 것이다."

碧峙解

야(野)란 모든 사람을 공경(恭敬)하여 모자람이 없으나, 시례(施禮)에 꼭 맞지 아니함이요, 급(給)이란 공손(恭遜)을 보태는 것이니, 겉모습을 흉내 내는 것이다. 역(逆)이란 용감하게 예(禮)에 나아가나, 공경(恭敬)과 공손(恭遜)이 없으니, 거친 예(禮)이다. 급(給)이 자인(慈仁)을 빼앗는 것이라 함은, 급인(給人)은 뭇 사람을 공경(恭敬)함에 나아가지 못한 것이니, 경행(敬行)의 공부가 없는 까닭이다.

중자예호 中者禮乎

子曰 師야 爾는 過하고 而商也는 不及하나 子産은 猶衆人之母也하여 能食之하고 不能教也하니라 子貢이 越席而對曰 敢問하니이다 將何以로 謂此中者也니이꼬 子曰 禮乎아 禮로다 夫禮는 所以制中也니라

자왈 사 이 과 이상야 불급 자산 유중 인지모야 능사지 불능교야 자공 월석 이대왈 감문 장하이 위차중자야 자왈 예호 예 부예 소이제중야

공자(孔子)께서 또 말씀하였다. "사(師, [子張])야! 너는 지나치고, 상(商, [子貢])은 미치지 못한다. 정(鄭)나라 자산(子産)은 마치 사람들의 어머니와 같아서 능히 먹을 것을 주어 먹이기는 했지만 가르치지는 못했다." 자공(子貢)이 자리를 넘어서 말했다. "감히 여쭈거니와 장차 무엇으로 중(中)을 할 수 있겠습니까?" 공자(孔子)께서 말씀하였다. "중(中)이 예(禮)로다! 그것이 곧 예(禮)이다. 대저 예(禮)란 칠정(七情)을 제(制)하여 중(中)에 이르고자 함이니라."

碧峙解

과(過)란 술지(術智)로 이해하여 도(道)를 익히려 함을 지적하는 말씀이다. 도(道)는 체득(體得)하여 자증(自證)하는 것이다.

자장(子張)이 다만 말을 배우므로 과(過)라 하는 것이다. 도(道)는 다만 미오(迷悟)에 있을 뿐이므로 적해(的解)와 불급(不及) 뿐이다. 공자께서 논어(論語)와 중용(中庸) 등 곳곳에서 과(過)라 함은 술지(術智)를 지적(指摘)하는 것이다.

중(中)은 성(性)이다. 성(性)은 자성(自性)이니, 곧 모든 사람의 심성(心性)이다. 성인(聖人)은 자성(自性)으로 일용(日用)하고, 범부(凡夫)는 정(情)으로 일용(日用)한다. 정(情)이란 정념(情念)이니 곧 칠정(七情)이다.

지례(至禮)란 칠정(七情)을 누르거나, 있는 것을 없게 함이 아니다. 다만 환(幻)을 지워 본래(本來[故])를 회복(回復)하는 것이다. 고로 논어(論語)에 극기복례(克己復禮)라 하였다. 극기(克己)란 환아(幻我)를 지우는 것이다.

계사(繫辭)에 정(情)은 위(僞)라 함이, 정(情)의 내용이 환(幻)이란 뜻이다. 중(中)이 성(性)인 줄 알지 못하며, 정(情)의 체(體)가 환(幻)인 줄 알지 못하면, 공자(孔子)의 뜻을 볼 수 없다. 학자가 도(道)에 불통(不通)하여 미회(未會)하는 것은 그 자품이 열기(劣機)이기 때문이다.

공자(孔子)께서 "대저 예(禮)란 칠정(七情)을 제(制)하여 중(中)에 이르고자 함이니라."한 것은 자성(自性)을 밝히면 예(禮)가 절로 따른다는 뜻이다. 자성(自性)을 밝히면 칠정(七情)이 본래 환(幻)인 줄 안다. 만약 어떤 이가 칠정(七情) 없이 행한다면, 때

없이 공경(恭敬)이 따르는 것이다.

칠정(七情)이 없는 이가, 어찌 따로이 예법(禮法)을 세우려 하겠는가? 예법(禮法)이란 세상의 열기(劣機)를 위해 부득이(不得已) 가설(假說)한 교법(敎法)일 따름이다.

예야향인 禮也向仁

子貢이 退커늘 言游進曰 敢問하니이다 禮也者는 領惡
자공 퇴 언유진왈 감문 예야자 영악

而全好者與니이까 子曰 郊社之義는 所以仁鬼神也요
이전호자여 자왈 교사지의 소이인귀신야

嘗禘之禮는 所以仁昭穆也요 饋奠之禮는 所以仁死
상체지례 소이인소목야 궤전지례 소이인사

喪也요 射鄕之禮는 所以仁鄕黨也요 食饗之禮는 所
상야 사향지례 소이인향당야 사향지례 소

以仁賓客也니라
이인빈객야

자공(子貢)이 물러나자, 자유(子游)가 나와 말했다. "감히 묻거니와 예(禮)란 악(惡)을 극복함으로써 선(善)을 온전히 하는 것입니까?" 공자(孔子)께서 말씀하였다. "그렇다." 자유(子游)가 다시 물었다. "그렇다면 어떻게 하는 것입니까?" 공자(孔子)께서 말씀하였다. "교사(郊社)의 의리(義理)는 귀신(鬼神)을 인(仁)하게 하려는 것이오, 상체(嘗禘)의 예(禮)는 소목(昭穆)을 인(仁)하게 하려는 것이오, 궤전(饋奠)의 예(禮)는 사상(死喪)을 인(仁)하게 하려는 것이다. 사향(射鄕)의 예는 향당(鄕黨)을 인(仁)하게 하려는 것이오, 사향(食鄕)의 예(禮)는 빈객(賓客)을 인(仁)하게하려는 것이다."

碧峙解

“인(仁)하게 하려는 것”이란, 범부가 예(禮)를 익혀 마침내 인(仁)에 나아가게 하려 함이니, 예(禮)가 도(道)에 나아가는 방편(方便)이 되는 것이다. 이는 하사(下士)와 중사(中士)를 이끄는 방편이다. 예(禮)를 익혀 서게 한 후에, 수기이경(修己以敬)의 도리(道理)를 가르치는 것이다.

교사(郊社)는 토지신(土地神)에게 지내는 제사이다. 곳곳에서 웅크리고 편벽된 부귀(浮鬼)에게 지내는 제사이니, 널리 베푸는 자인(慈仁)이다. 상체(嘗禘)의 예(禮)는 천자(天子)가 정월에 남교(南郊), 즉 남대문 밖에서 지내는 제사이다. 권명(權名)의 중음신(中陰神)에게 소목(昭穆)을 두어 인(仁)을 베푸는 것이다. 소목(昭穆)은 좌우(左右)라, 위의(威儀)를 두어 권명신(權名神)을 달래는 것이다.

궤전(饋奠)의 예(禮)는 제물(祭物)을 넉넉히 올리나니, 원귀(冤鬼)의 사상(死喪)을 달래려 하는 것이요, 사향(射鄕)의 예(禮)는 향당(鄕黨)을 화목(和睦)하게 하려는 것이요, 사향(食鄕)의 예(禮)는 빈객(賓客)을 화인(化仁) 하려 함이다.

대저 범부가 귀신(鬼神)의 정상(情狀)을 알지 못하므로, 고덕(古德)이 제사(祭祀)의 예(禮)를 정(定)해, 육합(六合)의 청화(淸和)를 도모(圖謀)하려는 것이다.

예자대용 禮者大用

子曰 明乎郊社之義와 嘗禘之禮면 治國이 其如指諸
자 왈 명 호 교 사 지 의 상 체 지 례 치 국 기 여 지 제

掌而乎인저 是故로 以之居處有禮 故로 長幼辨也하며
장 이 호 시 고 이 지 거 처 유 례 고 장 유 변 야

以之閨門之內有禮 故로 三族和也하며 以之朝庭有
이 지 규 문 지 내 유 례 고 삼 족 화 야 이 지 조 정 유

禮 故로 官爵序也하며 以之田獵有禮 故로 戎事閑也
례 고 관 작 서 야 이 지 전 렵 유 례 고 융 사 한 야

하며 以之軍旅有禮 故로 武功成也하니라 是故로 宮室
이 지 군 려 유 례 고 무 공 성 야 시 고 궁 실

이 得其度하며 量鼎이 得其象하며 味得其時하며 樂得
득 기 도 양 정 득 기 상 미 득 기 시 낙 득

其節하며 車得其式하며 鬼神이 得其饗하며 喪紀得其
기 절 거 득 기 식 귀 신 득 기 향 상 기 득 기

(淨)哀하며 辯說이 得其黨하며 官得其禮하며 政事得
정 애 변 설 득 기 당 관 득 기 례 정 사 득

其施하며 加於身而錯於前에 凡衆之動이 得其宜니라
기 시 가 어 신 이 착 어 전 범 중 지 동 득 기 의

공자(孔子)께서 다시 말씀하였다. “교사(郊社)의 의리(義理)와 상체(嘗禘)의 예(禮)에 밝다면 나라를 다스리는데 있어서 마치 손바닥 위를 가리키는 것과 같은 것이다. 그런 까닭으로 이것으로써 집에 거처하면, 예(禮)가 있어서 장유(長幼)가 분별되는 것이오. 이것으로써 규문(閨門)안에 쓰면 예(禮)가 있는 까닭에 삼

족(三族)이 화목하며, 이것으로써 조정(朝廷)에 나아가면 예(禮)가 있어서 관작(官爵)의 차서(次序)가 정연(整然)해지고, 이것으로써 전렵(田獵)을 하면 예(禮)가 있어 융사(戎事)가 한가롭고, 이것으로써 군려(軍旅)에 나가면 예(禮)가 있어 무공(武功)이 이루어진다. 이리하여 궁실(宮室)이 그 법도(法度)를 얻게 되고, 양정(量鼎)은 그 본보기를 얻게 되며, 맛은 그 때를 얻게 되고, 음악(音樂)은 그 절도(節度)를 얻게 되고, 수레는 그 가로대나무를, 귀신(鬼神)은 그 흠향(歆饗)을, 상기(喪紀)는 그 정(淨)한 슬픔을 얻게 될 것이며, 변설(辯說)은 그 따르는 무리를 얻을 것이며, 정사(政事)는 그 시혜(施惠)를 얻어, 그 일신(一身)에 보탬이 되어 앞장서서 몸소 행하게 되는 것이니, 이리하여 대체로 모든 무리의 움직임이 그 마땅함을 얻게 될 것이다."

碧峙解

여기서 예(禮)란 도심(道心)의 대용(大用)을 가리킨다. 도심(道心)이란 무정(無情)의 자성(自性)이다. 무정(無情)으로 행함에는, 어떤 처소(處所)라도 규거(糾擧)를 어기지 않기에, 공자(孔子)께서 처소(處所)와 처소(處所)를 이르시며 설하는 것이다.

"귀신(鬼神)은 그 흠향(歆饗)을"에 범부의 소견(所見)으로는 불회(不會)이나, 그 실다움은 성인(聖人)이 음계(陰界)를 보고 진정(眞定)한 것이니, 의심할 바가 아니다.

"그 마땅함을 얻게 될 것이다."라 함은 자성(自性)을 밝힌 연후의 일이다, 자성(自性)에 어두우면 예(禮)가 밝아질 수 없다. 공자께서 극기복례(克己復禮)라 함이 그것이다. 어찌하여 극기복도(克己復道)라 하지 않고 극기복례(克己復禮)라 하였는가? 문제자(門弟子) 근기(根機)의 대개가 중인(中人)에 그치므로 갖가지 예(禮)로써 설명한 것이다. 지금(只今) 세상은 중인(中人)도 잘 보이지 아니한다.

언감생심 焉敢生心

子曰 禮者는 何也오 卽事之治也니 君子有其事면 必
자 왈 예 자 하 야 즉 사 지 치 야 군 자 유 기 사 필

有其治니 治國에 而無禮면 譬猶瞽之無相與인저 悵
유 기 치 치 국 이 무 례 비 유 고 지 무 상 여 창

悵乎其何之리오 譬如終夜有求於幽室之中호대 非
창 호 기 하 지 비 여 종 야 유 구 어 유 실 지 중 비

燭이면 何見이리오 若無禮면 則手足이 無所錯하며 耳目
촉 하 견 약 무 례 즉 수 족 무 소 착 이 목

을 無所加하며 進退揖讓을 無所制니 是故로 以之居處
무 소 가 진 퇴 읍 양 무 소 제 시 고 이 지 거 처

에 長幼失其別하며 閨門에 三族이 失其和하며 朝廷에
장 유 실 기 별 규 문 삼 족 실 기 화 조 정

官爵이 失其序하며 田獵과 戎事에 失其策하며 軍旅에
관 작 실 기 서 전 렵 융 사 실 기 책 군 려

武功이 失其制하며 宮室이 失其度하며 量鼎이 失其象
무 공 실 기 제 궁 실 실 기 도 양 정 실 기 상

하며 味失其時하며 樂失其節하며 車失其式하며 鬼神이
미 실 기 시 낙 실 기 절 거 실 기 식 귀 신

失其饗하며 喪紀失其(淨)哀하며 辯說이 失其黨하며
실 기 향 상 기 실 기 정 애 변 설 실 기 당

官失其體하며 政事失其施하며 加於身而錯於前에 凡
관 실 기 체 정 사 실 기 시 가 어 신 이 착 어 전 범

衆之動이 失其宜니 如此는 則無以祖洽於衆也니라
중 지 동 실 기 의 여 차 즉 무 이 조 흡 어 중 야

공자(孔子)께서 계속하여 말씀하였다.

"예(禮)란 무엇인가? 그것은 곧 사사(事事)에 따라 그 일을 다스리는 것이다. 군자(君子)가 일이 있으면 반드시 다스림이 있게 된다. 나라를 다스리는 데 예(禮)가 없다면, 비유컨대 소경이 옆에서 부척해 주는 자가 없는 것과 같은 것이다. 창창(倀倀)해서 어디로 갈 것인가? 비유컨대 밤새도록 캄캄한 방 속에서 물건을 찾는 것과 같을 것이니, 촛불이 없으면 무엇을 볼 것인가? 만약 예(禮)가 없다면 손과 발이 두서를 찾지 못하고, 이목(耳目)에 보태 줄 것이 없으며, 진퇴(進退)하는 것과 읍양(揖讓)하는 것을 절제할 것이 없게 된다. 그런 때문에 이것을 가지고 거처하면 장유(長幼)가 분별을 잃게 되고, 규문(閨門)안에서 삼족(三族)이 그 화목을 잃게 되고, 조정에서는 관작(官爵)이 그 차서(次序)를 잃게 되고, 전렵(田獵)에 나가서는 군사의 방책(方策)을 잃게 되고, 군려(軍旅)에 있어서는 무공(武功)이 통제(統制)를 잃고, 궁실(宮室)에서는 그 법도를 잃고, 양정(量鼎)은 그 규격(規格)을 잃고, 맛이 그 때를 잃고, 음악이 그 절도(節度)를 잃고, 수레가 그 가로대나무를 잃게 된다.

귀신(鬼神)은 그 흠향을 잃고, 상기(喪紀)는 그 정(淨)한 슬픔을 잃으며, 변설(辯說)은 청중을 잃고, 벼슬은 그 임무(任務)를 잃으며, 정사는 그 시혜(施惠)를 잃게 된다. 자기 일신에 보탬이 되어 앞장서서 행하더라도 모든 사람들의 행동이 그 마땅함을 잃을 것이니, 이와 같다면 곧 대중(大衆)을 화합(和合)하게 할 수가 없을 것이다."

碧峙解

하사(下士)와 중사(中士)가 먼저 예(禮)에 서지 못하면, 도(道)에 나아갈 수 없다. 이 예(禮)는 형례(形禮)이다. 예(禮)가 아니면, 공경(恭敬)은 두고라도 공손(恭遜)조차 잃을 것이니, 공자(孔子)의 도(道)는 언감생심(焉敢生心)일지이다. 어느 세월이라도 범부의 세계는 늘 예(禮)로써 사람다움을 구해야 하는 것이다.

무형지례 無形之禮

子曰 愼聽之하라 女三人者여 吾語女禮하리라 猶有九
자 왈 신 청 지 여 삼 인 자 오 어 여 례 유 유 구

焉에 大饗이 有四焉하니 爲知此矣면 雖在畎畝中이라도
언 대 향 유 사 언 위 지 차 의 수 재 견 무 중

事之면 聖人已니라 兩君相見하사 損讓而入門하며 入
사 지 성 인 이 양 군 상 견 손 양 이 입 문 입

門而縣興하며 損讓而升堂하며 升堂而樂闋하며 下管
문 이 현 흥 손 양 이 승 당 승 당 이 낙 결 하 관

象武하며 夏籥序興하며 陳其薦俎하며 序其禮樂하며 備
상 무 하 약 서 흥 진 기 천 조 서 기 예 악 비

其百官이니 如此而後에 君子知仁焉이니라 行中規하며
기 백 관 여 차 이 후 군 자 지 인 언 행 중 규

還中矩하며 和鸞이 中采齊하며 客出에 以雍하며 徹以
환 중 구 화 란 중 채 제 객 출 이 옹 철 이

振羽하나니 是故로 古之君子는 無物而不在禮矣니라
진 우 시 고 고 지 군 자 무 물 이 부 재 예 의

入門而金作은 示情也요 升歌淸廟는 示德也요 下而
입 문 이 금 작 시 정 야 승 가 청 묘 시 덕 야 하 이

管象은 示事也니 是故로 古之君子는 不必親相與言
관 상 시 사 야 시 고 고 지 군 자 불 필 친 상 여 언

也요 以禮樂相示而已니라
야 이 례 낙 상 시 이 이

공자(孔子)께서 말씀하였다. "삼가 들을지다. 너희 세 사람이여! 내 너희들에게 예(禮)를 말하리라. 아직도 아홉 가지가 더

있는데, 대향(大饗)에만 네 가지가 있다. 진실로 이를 안다면 비록 견무(畎畝)속에 있더라도, 사람들이 섬겨서 성인으로 받들 것이다. 두 임금이 서로 볼 때에는 읍양하고서 문에 들고, 문에 들어서는 종(鐘)과 경(磬)의 음악이 연주된다. 읍양(揖讓)하고 나서 당에 오르고, 당에 오르면 음악이 끝난다. 악공이 당(堂)을 내려와 관악(管樂)으로 상무(象武)의 곡조를 연주하고, 약(籥)으로 대하(大夏)의 곡조를 연주하여 모든 음악이 차례로 연주된다. 그 천조(薦俎)를 진설하고, 그 예악(禮樂)을 차례로 하며, 그 백관(百官)을 구비한다. 이런 뒤에 군자는 인(仁)을 안다. 행동이 법도에 맞고, 꺾어서 가는데 법도에 맞으며, 방울소리가 악장에 맞는다. 손이 나가는 데는 옹(雍)의 시(詩)를 노래하여 보내고, 찬구(饌具)를 거두는 데에는 진우(振羽)의 노래로 물린다.

이런 까닭에 옛날의 군자(君子)는 모든 사(事)에 예(禮)가 있는 것이다. 문에 들어갈 때 종(鐘)과 경(磬)을 연주하는 것은 정의(情誼)를 나타내는 것이오. 당에 오르면 청묘(淸廟)의 시(詩)를 노래하는 것은 덕(德)을 숭상(崇尙)함을 보이는 것이오, 악공(樂工)이 당 아래로 가서 관(管)으로 상무(嘗武)의 곡을 부르는 것은 섬기는 것을 보이는 것이다.

이런 까닭에 옛날의 군자(君子)는 친히 만나는 데 말이 필요치 않았던 것이오, 오직 예악(禮樂)으로 서로의 뜻을 보였을 따름이다."

碧峙解

공자(孔子)께서 법도(法度)있는 예(禮)의 형식(形式)을 빌어, 무형(無形)의 예(禮)를 설하신 것이다. 고로 "옛날의 군자(君子)는 친히 만나는 데 말이 필요치 않았다. 오직 예악(禮樂)으로 서로의 뜻을 보였을 따름이다."라 함은 예악(禮樂)으로써 불언(不言)으로 지도(至道)를 가리켜 보인 것이다. 기실은 지도(至道)에 거처하는 이가, 그 심처(深處)를 예악(禮樂) 중에 수연(粹然)히 드러낸 것이다. 예악(禮樂)이 어찌 진심(眞心)을 가릴 수 있으랴! 어찌 유심(有心)으로 무심(無心)을 헤아릴 수 있으랴!

박덕예허 薄德禮虛

子曰 禮也者는 理也요 樂也者는 節也니 君子는 無理에 不動하며 無節에 不作하나니 不能詩하면 於禮에 繆하고 不能樂하면 於禮에 素하고 薄於德하면 於禮에 虛하나니라
자왈 예야자 이야 낙야자 절야 군자 무리 부동 무절 부작 불능시 어례 무 불능낙 어례 소 박어덕 어례 허

공자(孔子)께서 계속해서 말씀하였다.

"예(禮)라는 것은 도리(道理)요, 악(樂)이라는 것은 절도(節度)이다. 군자(君子)는 도리가 없으면 움직이지 않고, 절도가 없으면 행하지 않는다. 시지(詩旨)에 능하지 못하면 예(禮)에 어긋나고, 악(樂)의 근원을 알지 못하면 예(禮)가 허술하게 되고, 덕(德)에 박(薄)하면 예(禮)가 허망(虛妄)하게 된다."

碧峙解

공자(孔子)께서 "예(禮)라는 것은 도리(道理)요, 악(樂)이라는 것은 절도(節度)이다. 시지(詩旨)에 능하지 못하면 예(禮)에 어긋나고, 악(樂)의 근원을 알지 못하면 예(禮)가 허술하게 되고, 덕(德)에 박(薄)하면 예(禮)가 허망(虛妄)하게 된다."하심은 예(禮)와 악(樂)과 시(詩)와 덕(德)이 하나의 네 모습임을 드러내 보인 것이다. 하나란 일심(一心)이요, 일심(一心)의 효용은 덕(德)이다.

그 덕(德)이 시(詩) 예(禮) 악(樂)에 모습 없이 나타남에 도(道)가 두렷해지는 것이다.

행지기인 行之其人

子曰 制度在禮하고 文爲在禮하니 行之는 其在人乎인저
자왈 제도재례 문위재례 행지 기재인호

공자(孔子)께서 또 말씀하였다.

"제도(制度)는 예(禮)에 있고, 문위(文爲)도 예(禮)에 있으며, 이를 행하는 것은 그 사람에게 달린 것이다."

碧峙解

"그 사람에게 달린 것"이라 함은 사람마다 자품(資品)이 다르고, 또한 덕(德)의 경지(境地)가 같지 않기 때문이다. 공자(孔子)의 경지(境地)를 보려 하는가? 어찌 공자(孔子)의 경지(境地)가 아니면서, 공자(孔子)를 알 수 있겠는가? 대개 밑에서 위로 보거나, 멀리서 짐작함이 아니겠는가?

그러나 자성(自性)을 밝히면 시공(時空)을 초월(超越)하여 공자(孔子)의 도(道)를 보는 것이니, 도(道)가 가까이 있는 까닭이다. 가까이란 곧 범부의 신중(身中)이다. 범부의 행주좌와(行住坐臥)에 찰나(刹那)라도 도(道)가 떠나지 않는 것이니 어찌 멀다고 하겠는가? 알고 모르고는 다만 사람의 미오(迷悟)에 있을 따름이다.

달악미례 達樂未禮

子貢이 越席而對曰 敢問하노이다 夔其(德)窮與니이까
자공 월석이대왈 감문 기기덕궁여

子曰 古之人與인저 古之人也로다 達於禮而不達於
자왈 고지인여 고지인야 달어예이부달어

樂을 謂之素요 達於樂而不達於禮를 謂之遍이니 夫
악 위지소 달어악이부달어예 위지편 부

夔는 達於樂而不達於禮라 是以로 傳於此名也니 古
기 달어악이부달어예 시이 전어차명야 고

之人也로다
지인야

자공(子貢)이 자리에서 넘어 물었다. "감히 여쭈건대 기(夔)는 덕(德)에 궁(窮)한 사람입니까? 공자(孔子)께서 말씀하였다. "그는 옛사람이던가? 옛사람이로다. 예(禮)에는 통달했으나 악(樂)에 통달하지 못함을 일러 허술[素]하다고 한다. 악(樂)에 통달했으나 예(禮)에는 통달하지 못함을 일러 편벽(偏僻)하다고 한다. 저 기(夔)는 악(樂)에는 통달했으나 예(禮)에는 통달하지 못했다. 이로써 이와 같은 이름이 전해졌으니, 그는 옛사람이니라."

碧峙解

대저 악(樂)의 근본은 천연(天然)이요, 지말(枝末)은 운율(韻律)의 화평(和平)이다. 기(夔)는 다만 운율(韻律)의 화평(和平)을 얻고 도(道)에 불회(不會)하였던 것이다. 예(禮)의 통달은 천연(天然)에 계합(契合)함이다. 옛사람이라 함은 기(夔)의 운율(韻律)을 높이던 때를 이른다. 고로 예전에 기(夔)라! 기(夔)라! 하였던 것이다. 지자(知者)는 소(素, [허술함])라, 근본에 통했으나 대용(大用)에 나아가지 못한 것이다.

언행일치 言行一致

子張이 問政한대 子曰 師乎아 前에 吾語女乎아 君子
자장 문정 자왈 사호 전 오어여호 군자

明於禮樂하면 擧而錯之而已니라 子張이 復問한대 子
명어예악 거이착지이이 자장 복문 자

曰 師야 爾以爲必鋪几筵하며 升降酌獻酬酢然後에라
왈 사 이이위필포궤연 승강작헌수초연후

謂之禮乎아 爾以爲必行綴兆하며 興羽籥하며 作鐘鼓
위지예호 이이위필행철조 흥우약 작종고

然後에야 謂之樂乎아 言而履之禮也요 行而樂之樂
연후 위지악호 언이이지예야 행이낙지악

也니 君子力此二者하여 以南面而立이라 夫是以로 天
야 군자역차이자 이남면이립 부시이 천

下太平也하여 諸侯朝하여 萬物이 服體하며 而百官이
하태평야 제후조 만물 복체 이백관

莫敢不承事矣니라
막감불승사의

자장(子張)이 정치(政治)에 대하여 여쭈었다. 이에 공자(孔子)께서 말씀하였다. "사(師)야! 앞서 내가 네게 말하지 않았더냐? 군자는 예악(禮樂)에 밝아 이것을 칭양(稱揚)하여 정사(政事)에 임하게 할 따름이니라."

자장(子張)이 다시 묻자 공자께서 말씀하였다. "사(師)야! 너는 꼭 궤(几)와 자리를 깔고, 승강하고 잔을 올리고 수작(酬酌)한 연후에야 이것을 예(禮)라고 이른다고 생각하느냐? 너는 꼭 철조

(綴兆)를 행하고, 우약(羽籥)을 일으키고, 종고(鐘鼓)를 울린 연후에야 이것을 악(樂)이라 이른다고 생각하느냐? 말하고서 그것을 실행하는 것이 곧 예(禮)요, 행하고서 그것을 즐거워하는 것이 곧 악(樂)인 것이다. 군자는 이 두 가지를 힘써서 남면(南面)하여 서는 것이다. 대저 그런 까닭에 천하(天下)가 태평(太平)한 것이다. 제후(諸侯)가 조회(朝會)하며 만물이 도리(道理)에 따르고, 백관(百官)이 감히 자기 일을 다하지 아니함이 없는 것이다.

碧峙解

공자(孔子)께서 형식이 예(禮)가 아님을 설하는 것이다. 천지만물(天地萬物)을 자기 몸으로 여기고, 천하만민(天下萬民)을 자기(自己)로 봄이 예(禮)의 지극한 행(行)이다. 천하의 지성(至誠)이 아니면 누가 여기에 참여(參與)하겠는가? 그러므로 도(道)에 뜻을 두고, 도(道)에 서서, 인심(人心)과 도심(道心)에 불혹(不惑)한 연후에, 예(禮)의 지의(至意)를 알 수 있으며, 천명(天命)에 계합(契合)한 이후에 예(禮)에 곧게[貞] 나아가며, 이순합도(耳順合道) 이후에 예(禮)에 거닐며, 종심소요(從心逍遙)하여야 천연(天然)의 예(禮)가 드러나는 것이다. 공자(孔子)의 본례(本禮)는 말세(末世)의 형례(形禮)와 같지 아니한 것이다.

"말하고서 그것을 실행하는 것이 곧 예(禮)요, 행하고서 그것을 즐거워하는 것이 곧 악(樂)이다."라 함은 언행일치(言行一致)

가 예(禮)요, 그 즐거움이 흘러나오는 것이 악(樂)이라 한 것이다. 언행일치(言行一致)란 먼저 그 말을 알고, 그 말의 본원(本源)에 계합(契合)하여 저절로 행(行)으로 옮기는 것이다. 언행일치(言行一致)는 실상(實相)의 도(道)가 없으면 불가(不可)하다. 세속(世俗)에서 언행일치(言行一致)라 하는 것은 어떤 목표를 향하는 향심(向心)이라, 공자(孔子)의 뜻과 같지 아니한 것이다.

숙례학도 熟禮學道

禮之所興은 衆之所治也요 禮之所廢는 衆之所亂也
예 지 소 흥 중 지 소 치 야 예 지 소 폐 중 시 소 난 야

요 目巧之室이나 則有奧阼하며 席則有上下하며 車則
목 교 지 실 즉 유 오 조 석 즉 유 상 하 거 즉

有左右하며 行則有隨하며 立則有序하나니 古之義也라
유 좌 우 행 즉 유 수 입 즉 유 서 고 지 의 야

室而無奧阼면 則亂於堂室也요 席而無上下면 則亂
실 이 무 오 조 즉 난 어 당 실 야 석 이 무 상 하 즉 난

於席上也며 車而無左右면 則亂於車也요 行而無隨
어 석 상 야 거 이 무 좌 우 즉 난 어 거 야 행 이 무 수

면 則亂於塗也요 立而無序면 則亂於位也니 昔에 聖
즉 난 어 도 야 입 이 무 서 즉 난 어 위 야 석 성

帝明王諸侯 辨貴賤長幼遠近男女外內하사 莫敢相
제 명 왕 제 후 변 귀 천 장 유 원 근 남 녀 외 내 막 감 상

踰越하니 皆由此塗出也니라 三子者 旣得聞此言也
유 월 개 유 차 도 출 야 삼 자 자 기 득 문 차 언 야

於夫子하고 昭然若發矇矣러라
어 부 자 소 연 약 발 몽 의

예(禮)가 일어나면 민중(民衆)이 다스려지는 것이오, 예(禮)가 쇠퇴하면 민중(民衆)이 어지러워지는 것이다. 눈대중으로 지은 집에도 오(奧)와 조(阼)가 있고, 자리는 윗자리와 아랫자리가 있고, 수레에는 좌우(左右)가 있고 나다닐 때에는 수종(隨從)이 있고, 서면 차례가 있는 것이니 이것이 옛날의 의리(義理)인 것

이다.

집에 오(奧)와 조(阼)가 없다면 곧 집을 어지럽히는 것이다. 자리에 윗자리와 아랫자리가 없다면 자리를 어지럽히는 것이다. 수레에 좌와 우가 없다면 수레를 어지럽히는 것이다. 나다니는데 종자(從者)가 없다면 길 위를 어지럽히는 것이다. 서 있는데 차례가 없다면 순서를 어지럽히는 것이다. 옛날에 성제(聖帝)와 명왕(明王)과 제후(諸侯)가 귀천(貴賤) 장유(長幼) 원근(遠近) 남녀(男女) 외내(外內)를 분별해서 감히 서로 분수에 넘치는 일이 없게 했으니, 이는 모두 이 길에서 나온 것이다."

자장(子張) 자공(子貢) 자유(子游) 세 사람은 공자(孔子)에게서 이러히 말씀을 듣고 나서는, 마치 안계(眼界)가 활짝 트인 것 같았다.

碧峙解

오(奧)는 방안이요, 조(阼)는 방에 들어가는 계단과 문이다. 대저 집의 대소(大小)를 막론하고, 오(奧)와 조(阼)가 없을 수 없는 것이다. 성제(聖帝)는 황제(黃帝) 요(堯) 순(舜)이요, 명왕(明王)은 문왕(文王)과 무왕(武王)이다. 대개 음양(陰陽) 내외(內外)로 차서(次序)를 두나, 윗글에는 외내(外內)라 하였다.

대저 범부는 먼저 형례(形禮)를 배워 몸에 익어야 한다. 사람에게 상하(上下)의 자품이 있나니, 형례(形禮)조차도 익히지 않으면 금수(禽獸)와 다른 점이 별로 없는 것이다.

형례(形禮)에 상중하(上中下)가 있으니, 그 내용은 스승을 찾아 배워야 하는 것이다. 공자께서 "예(禮)가 일어나면 민중이 다스려지는 것이요, 예(禮)가 쇠퇴하면 민중이 어지러워지는 것이다. 예(禮)로써 군자(君子)와 범부(凡夫)가 서로 분수(分數)에 넘치는 일이 없게 했으니, 이는 모두 이 길에서 나온 것이다."함은 경세(經世)의 기본(基本)이다. 범부에게 형례(形禮)가 순숙(純淑)한 이후에 도(道)를 가르칠 수 있는 것이다.

"마치 안계(眼界)가 활짝 트인 것 같았다."고 함은, 예(禮)로써 도(道)의 문(門)에 서고, 범부가 도(道)의 문(門)을 열어 순숙(純熟)한 연후에사, 예(禮)가 절로 따른다는 공자(孔子)의 말씀을 듣고, 자장(子張) 자공(子貢) 자유(子游) 세 사람이 참다이 나아갈 길을 알았으므로, 마치 안계(眼界)가 활짝 트인 것 같았다고 술회(述懷)하는 것이다.

仲尼燕居 終

중니한거仲尼閒居

10目

예악(禮樂)의 근본(根本)에 나아감은
일심(一心)의 온전한 회복 이후에
참다이 행할 수 있는 것이다.
무성지악(無聲之樂),
무체지례(無體之禮),
무복지복(無服之服)의
삼무(三無)가
공자(孔子)의 상지(上旨)이다.
삼무(三無)에 통(通)해야
방외(方外)에 거닐 수 있는 것이다.

孔子閒居에 子夏侍러니 子夏曰 敢問하노이다 詩云 凱
공 자 한 거 자 하 시 자 하 왈 감 문 시 운 개

弟君子여 民之父母로다하니 何如라야 斯可謂民之父
제 군 자 민 지 부 모 하 여 사 가 위 민 지 부

母矣니꼬 孔子曰 夫民之父母乎인저 必達於禮樂之
모 의 공 자 왈 부 민 지 부 모 호 필 달 어 예 악 지

原하여 以致五至而行三無하여 以橫於天下하여 四方
원 이 치 오 지 이 행 삼 무 이 횡 어 천 하 사 방

有敗어든 先必知之하나니 此之謂民之父母矣니라
유 패 선 필 지 지 차 지 위 민 지 부 모 의

공자(孔子)께서 한가히 계실 제, 자하(子夏)가 곁에서 모시고 있었다. 자하(子夏)가 여쭈었다. "감히 여쭈건대 시경(詩經)에 이르기를, 희락(喜樂)한 군자(君子)여! 백성의 부모(父母)로다 라 하였아오니, 어떠해야만 백성(百姓)의 부모(父母)라고 할 수 있습니까?" 공자(孔子)께서 말씀하였다. "그 백성(百姓)의 부모(父母)인가? 반드시 예악(禮樂)의 근본(根本)에 통달(通達)해서 오지(五至)를 이루고, 삼무(三無)를 행하여 널리 천하에 펴고, 사방(四方)에 재앙(災殃)의 조짐(兆朕)이 있을 때는 반드시 먼저 이를 안다. 이것을 백성(百姓)의 부모(父母)라고 하는 것이다."

碧峙解

공자(孔子)께서 예악(禮樂)의 형식을 따르라는 것이 아니라, 예

악(禮樂)의 근본(根本)에 통달(通達)해야 한다고 하였다. 어떤 것이 예악(禮樂)의 근본인가? 예악(禮樂)이란 사람을 사람답게 나투는 것이니, 예악(禮樂)의 근본(根本)은 다만 일심(一心)의 온전한 회복한 이후에 참다이 행할 수 있는 것이다.

"사방(四方)에 재앙(災殃)의 조짐(兆朕)이 있을 때는 반드시 먼저 이를 안다."함은, 군자가 군자답지 않을 때가 곧 재앙(災殃)의 시작이라, 그 조짐(兆朕)을 아는 것이다. 군자가 군자답지 않을 때란 군자(君子)가 그 마음이 미혹(迷惑)에 실낙(失落)하여 유정(有情)으로 행하는 때이다. 오직 무정(無情)을 체득(體得)해야 공지(孔旨)를 아는 것이다.

논어(論語)에 "군자(君子)는 불우불구(不憂不懼)니라"라고 하였다. 도(道)의 본설(本說)은 사무사(思無邪)가 골간(骨幹)이다. 사무사(思無邪)의 본의는 무정(無情)이다. 무정(無情)이란 칠정(七情)이 없는 것이니, 군자(君子)의 불우불구(不憂不懼)란 군자는 칠정(七情)에 거처하지 않는 것을 이르는 것이다. 만약 당금(當今)에 칠정(七情)이 끊어지면, 칠정(七情)의 내용을 확인(確認)한 것이요, 칠정(七情)의 내용을 확인한 이는 다시 칠정(七情)에 속지 않을 수 있는 것이다. 칠정(七情)에 속지 않는 이를 성문(聖門)의 달사(達士)라 한다.

子夏曰 民之父母는 旣得而聞之矣어니와 敢問하노이다
자하왈 민지부모 기득이문지의 감문
何謂五至니이꼬 孔子曰 志之所至에 詩亦至焉하며 詩
하위오지 공자왈 지지소지 시역지언 시
之所至에 禮亦至焉하며 禮之所至에 樂亦至焉하며 樂
지소지 예역지언 예지소지 악역지언 악
之所至에 哀亦至焉하여 哀樂이 相生하나니 是故로 正
지소지 애역지언 애락 상생 시고 정
明目而視之라도 不可得而見也며 傾耳而聽之라도 不
명목이시지 불가득이견야 경이이청지 불
可得而聞也요 志氣塞乎天地하나니 此之謂五至니라
가득이문야 지기색호천지 차지위오지

자하(子夏)가 또 말하였다. "백성의 부모에 대해서는 이미 이를 얻어 들었습니다. 감히 여쭈건대 무엇을 오지(五至)라고 합니까? 공자(孔子)께서 말씀하였다. "뜻[志]이 이르는 곳에 시(詩)도 또한 이른다. 시(詩)가 이르는 곳에 예(禮)도 또한 이른다. 예(禮)가 이르는 곳에 악(樂)도 또한 이른다. 악(樂)이 이르는 곳에 슬픔도 또한 이른다. 이리하여 슬픔[哀]과 즐거움[樂]이 서로 생기게 된다. 그런 까닭에 눈을 바르게 하고 밝게 보아도 얻어 볼 수 없으며, 귀를 기울여서 들어도 얻어들을 수 없다. 뜻[志]과 기운이 천지(天地) 사이에 가득 찬다. 이것을 오지(五至)라고 한다."

碧峙解

무정(無情)의 뜻[志]이 이르는 곳에 시(詩)가 나타난다. 무정(無情)의 시(詩)가 이르는 곳에 예(禮)와 악(樂)과 무정(無情)의 애락(哀樂)이 따르는 것이다.

子夏曰 五至는 旣得而聞之矣니와 敢問하노이다 何謂
자하왈 오지 기득이문지의 감문 하위
三無니이꼬 孔子曰 無聲之樂과 無體之禮와 無服之
삼무 공자왈 무성지악 무체지례 무복지
喪이 此之謂三無니라 子夏曰 三無는 旣得略而聞之
상 차지위삼무 자하왈 삼무 기득약이문지
矣니와 敢問하노이다 何詩近之니이꼬 孔子曰 夙夜에 其
의 감문 하시근지 공자왈 숙야 기
命有密은 無聲之樂也요 威儀逮逮하여 不可選也는
명유밀 무성지악야 위의체체 불가선야
無體之禮也요 凡民有喪에 葡匐救之는 無服之喪也
무체지례야 범민유상 포복구지 무복지상야
니라

자하(子夏)가 묻는다. "오지(五至)는 이미 들었습니다만, 감히 여쭈거니와 무엇을 삼무(三無)라고 합니까?"

공자께서 말씀하였다. "소리 없는 음악과 모습[相貌] 없는 예(禮)와 복(服) 없는 초상(喪)을 삼무(三無)라고 한다."

자하가 또 여쭈었다. "삼무(三無)는 간략히 들었습니다만, 감히 여쭈거니와 어떤 것이 시(詩)에 가깝습니까?"

공자(孔子)께서 답하였다. "이른 아침부터 깊은 밤까지 천명(天命)으로 하지 않음이 없음이 곧 소리 없는 음악이다. 위의(威儀)가 천연(天然)을 회복(回復)하여 무법(無法)의 법도(法度)가 있는 것은 모습[相貌] 없는 예(禮)이다. 백성의 초상(初喪)이 있을 때, 달려가서 칠정(七情)의 혼란에서 구(救)하는 것은 복(服)이 없는 초상(初喪)인 것이다.

碧峙解

무성지악(無聲之樂), 무체지례(無體之禮), 무복지복(無服之服)의 삼무(三無)가 공자(孔子)의 상지(上旨)이다. 무성지악(無聲之樂)은 자성(自性)의 진성(眞聲)이요, 무체지례(無體之禮)는 곧 무상지례(無相之禮)이니 자성(自性)의 본공소박(本恭素朴)이요, 무복지복(無服之服)은 자성(自性)의 상방광명(常放光明)의 행(行)이라, 무사생(無死生) 무고금(無古今)의 도리(道理)에 통한 이후에 합(合)할 수 있다. 삼무(三無)를 통해(通解)하지 못하면, 막행둔사(莫行鈍士)일 따름이다.

무체지례(無體之禮)의 설명에 위의체체(威儀逮逮)라 함은 천연상모(天然相貌)를 이르나니 곧 무상지모(無相之貌)이다. 본래를 회복한[克己復禮] 도(道)란 천연(天然)의 자기(自己)를 이른다. 천연(天然)을 회복하였으므로 위의(威儀)를 갖추었다고 한다. 체체(逮逮)는 천연(天然)에 이르다는 뜻이다. 시경(詩經)에 천도(天道)는 무성무형(無聲無形)이라 하였다. 천도(天道)란 자성(自性)의 별칭이다. 범민(凡民)의 초상(初喪)에 달려간다 함은, 반드시 몸으로 가는 것이 아니다. 범민의 슬픔을 위로하고 함께함에 차별 없음의 뜻이다. 성인(聖人)은 본래(本來)로 범성(凡聖)이 차별 없음을 시현(示現)하여, 함이 없음의 도[無爲之道]를 보여 범견(凡

見)을 넓히며 자애(慈愛)하는 것이다.

무정(無情)의 행이 있으면 슬픔[哀]과 즐거움[樂]이 서로 생기나 그 속에 들지 않는 것이다. 그 속에 들지 않으므로 군자(君子)는 주이불비(周而不比)하고, 애이불상(哀而不傷)하며, 낙이불음(樂而不淫)하는 것이다. 그러므로 군자(君子)의 도(道)가 상주불멸(常住不滅)인 것이다.

무복지복(無服之服)은 본무사생(本無死生)이 본지(本旨)이다. 일신(一身)의 거래(去來)가 한 때의 환적(幻寂)이라면, 자기(自己)의 진심(眞心)은 거래(去來) 밖에 원명(圓明)하여 부지(不止)이다. 이때의 거래(去來)란 동용주선(動容周旋)과 사생(死生)을 말한다. 열자가 이른다.

"자기를 밝혀 궁달(窮達)에 맡기는 이는 사생(死生)에 거래(去來)하는 나[我]는 내가 아니다.[非我] 인생(人生)의 변란에 심려(心慮)가 온전히 그치면, 이를 일러 낙천(樂天)이요, 천명(天命)을 안다고 한다."

그러므로 공자(孔子)께서 진아(眞我)에 사생(死生)없음을 직지(直指)하여 무복(無服)의 이치를 설명하신 것이다. 만약 무복(無服)의 이치를 통해(通解)한다면, 무성지악(無聲之樂)과 무체지례(無體之禮)를 보게 되는 것이다.

子夏曰 言則大矣美矣盛矣나 言盡於此而已乎니이
자하왈 언즉대의미의성의 언진어차이이호

까 孔子曰 何謂其然也리오 君子之服之也 猶有五起
공자왈 하위기연야 군자지복지야 유유오기

焉이니라 子夏曰 何如니이꼬 孔子曰 無聲之樂은 氣志
언 자하왈 하여 공자왈 무성지악 기지

不違하고 無體之禮는 威儀遲遲하고 無服之喪은 內恕
불위 무체지례 위의지지 무복지상 내서

孔悲라 無聲之樂은 氣志既得하고 無體之禮는 威儀
공비 무성지악 기지기득 무체지례 위의

翼翼하고 無服之喪은 施及四國이라 無聲之樂은 其志
익익 무복지상 시급사국 무성지악 기지

既從하고 無體之禮는 上下和同하고 無服之喪은 以畜
기종 무체지례 상하화동 무복지상 이축

萬邦이라 無聲之樂은 日聞四方하고 無體之禮는 日就
만방 무성지악 일문사방 무체지례 일취

月將하고 無服之喪은 純德孔明이라 無聲之樂은 氣志
월장 무복지상 순덕공명 무성지악 기지

既起하고 無體之禮는 施及四海하고 無服之喪은 施干
기기 무체지례 시급사해 무복지상 시간

子孫니라
자손

자하(子夏)가 말했다. "말씀이 크고, 아름다우며, 성(盛)합니다만, 말씀이 여기에서 그치는 것입니까?" 공자(孔子)께서 답하신다. "어찌 그러하겠느냐? 군자(君子)의 행동에 오기(五起)가 있느니라." 자하(子夏)가 여쭈었다. "오기(五起)란 무엇입니까?"

공자(孔子)께서 답하신다. "소리 없는 음악[無聲之樂]은 기운과 뜻이 어기지 않고, 모습 없는 예[無體之禮]는 위의(威儀)가 한한(閑閑)하여 천천(迍迍)하고, 복(服) 없는 초상(初喪, [無服之喪])은 안으로 공공(空空)하여 슬프되 상(傷)치 아니한다. 소리 없는 음악은 기운과 뜻을 이미 얻고, 모습 없는 예는 위의(威儀)가 엄숙하고, 복(服)없는 초상은 옮기어서 사국(四國)에 미치게 한다.

소리 없는 음악[無聲之樂]은 기운과 뜻이 이미 따르고, 모습 없는 예[無體之禮]는 상하(上下)가 화동(和同)하고, 복(服) 없는 초상[無服之喪]은 만방(萬邦)을 기른다.

소리 없는 음악[無聲之樂]은 날로 사방(四方)에 들리고, 모습 없는 예[無體之禮]는 날로 이루고 달로 발전하며, 복(服) 없는 초상[無服之喪]은 순덕(純德)이 몹시 밝다.

소리 없는 음악[無聲之樂]은 기운과 뜻이 이미 일어나고, 모습 없는 예[無體之禮]는 옮기어서 사해(四海)에 미치고, 복(服) 없는 초상[無服之喪]은 옮기어서 자손(子孫)에게 미치는 것이다.

碧峙解

무성지악(無聲之樂), 무체지례(無體之禮), 무복지상(無服之喪)은 무정(無情)의 도(道)에 합(合)한 연후에, 그 지의(至意)를 알 수 있다. 이는 불변(不變)의 도리(道理)이다.

무성지악(無聲之樂)이라 함은, 소리 없는 자성(自性)에서 소리를 드러내기 때문이요, 무체지례(無體之禮)는 자성(自性)이 공적

영지(空寂靈知)하면서 모습을 나투는 까닭이요, 무복지상(無服之喪)이란 자성(自性)이 본래무정(本來無情)이라, 방외달사(方外達士)는 칠정(七情)을 여의고 육합내외(六合內外)의 범부를 자애(慈愛)하는 까닭이다. 삼무(三無)의 지의(至意)를 설명했으나, 삼무대용(三無大用)의 주인은 오직 하나의 무정자성(無情自性)이다. 알지라, 자성(自性)을 깨치면 삼무(三無)가 절로 따르는 것이다.

子夏曰 三王之德이 參於天地시니 敢問하이다 何如라야
자 하 왈 삼 왕 지 덕 참 어 천 지 감 문 하 여

斯可謂參於天地矣니이꼬 孔子曰 奉三無私하여 以勞
사 가 위 참 어 천 지 의 공 자 왈 봉 삼 무 사 이 노

天下니라 子夏曰 敢問하이다 何謂三無私니이꼬 孔子曰
천 하 자 하 왈 감 문 하 위 삼 무 사 공 자 왈

天無私覆하며 地無私載하며 日月이 無私照하니 奉斯
천 무 사 복 지 무 사 재 일 월 무 사 조 봉 사

三者하사 以勞天下하시니 此之謂三無私니라
삼 자 이 노 천 하 차 지 위 삼 무 사

자하(子夏)가 말했다. "삼왕(三王)의 덕은 천지(天地)와 가지런하다고 했습니다. 감히 여쭈건대 어떠해야만 천지(天地)와 가지런하다고 말할 수 있습니까?" 공자께서 답(答)하였다. "[君子는] 삼무사(三無私)를 받들어 천하의 범부를 깨우치려 노력하느니라."

자하(子夏)가 말했다. "감히 여쭈건대 무엇을 삼무사(三無私)라 합니까?" 공자(孔子)께서 다시 답(答)하였다. "하늘[性]은 사사로이 덮는 것이 없고, 땅[行]은 사사로이 싣는 것이 없으며, 해와 달은[能所에] 사사로이 비쳐 주는 것이 없다. 이 세 가지를 받들어, 천하의 범부를 깨우치려 노력 하는 것, 이것을 삼무사(三無私)라 이른다.

碧峙解

사무사(思無邪)를 통해(通解)한 이후에, 삼무사(三無私)의 본의를 능해(能解)할 수 있다. 삼무사(三無私)의 의지(意旨)는 하늘[性]과 땅[行]과 천지만물[能所]이 본래(本來)로 무정(無情)하여, 조적(照寂)함이라고 공자(孔子)께서 설명하시는 것이다. 자성천(自性天)은 그 조적(照寂)이 본시 무정(無情)이요, 그 작용을 무위(無爲)라 한다. 이는 자성(自性)을 밝힌 연후에 능히 알 수 있고, 그 앎이 밝아진 이후, 무위(無爲)에 나아갈 수 있는 것이다. 부언하자면 논어(論語)에 사무사(思無邪)를 말씀하신 연후에, 다시 공자(孔子)께서 한거(閑居)시에 수문인(首門人) 셋에게 풀어서 삼무사(三無私)를 술한 것이다. 계사(繫辭)의 정위(情僞)가 무정설(無情說)의 근원이다. 이러히 알아야 비로소 공자도학(孔子道學)의 근원(根源)을 측지(測知)하게 되는 것이라 하겠다. 만약 이 도리에 미회하여 의문한다면 삼무사(三無私)의 본의(本意)에 합할 수 없다.

공자(孔子)께서 삼무사(三無私)로 풀어서 말씀하시나, 그 요목(要目)은 사람사람의 자성(自性)의 본래(本來)가 적연부동(寂然不動)으로 감통천하고(感通天下故) 하는 것이다. 여기서 고(故)란 본래(本來)이다. 본래(本來)란 인생의 본원(本源)이다. 이는 공자께서 계사(繫辭)에 말씀하신 것이다. 계사(繫辭)란 그 말씀에 말뚝을 박은 것이니, 성인(聖人)이 다시 오더라도 고칠 수 없는 절대(絶對)의 일구(一句)라는 뜻이다. 돌아보건대 적연부동(寂然不動) 감통천하고(感通天下故)의 구(句)는 예부터 속유(俗儒)들이 그 뜻을 알지 못해 애써 외면하는 구절이다. 공자(孔子)의 이 종지(宗旨) 말씀에 계합(契合)하지 못하면 다만 속유(俗儒)일 따름이다. 배우는 이가 여기에 의문(疑問)을 깊게 하여 집중한다면, 진유(眞儒)의 길에 들어선 것이라 하겠다. 만약 그러하지 아니한다면, 끝내 공자의 도(道)를 만날 수 없는 것이다.

其在詩曰 帝命不違하사 至於湯齊하시니라 湯降不遲
기 재 시 왈 제 명 불 위 지 어 탕 제 탕 강 부 지

하사 聖敬日齊하시니라 昭假遲遲하시며 上帝是祇하시니
성 경 일 제 소 가 지 지 상 제 시 기

帝命式于九圍하니라하니 是湯之德也니라
제 명 식 우 구 위 시 탕 지 덕 야

시경(詩經)에 이르기를 "천명(天命)을 어김이 없어, 탕왕(湯王)에 이르러 성취했도다. 탕(湯)이 나신 때를 맞추었고, 성덕(聖德)으로 경(敬)하여 날로 밝아졌나니, 천천(辿辿)히 소소(昭昭)하게 되었네. 상제(上帝)가 이를 좋게 여겨, 구역(九域)에 법(法)을 펴시게 했네."했으니 이것이 탕(湯)의 덕(德)인 것이다.

碧峙解

탕왕(湯王)이 그 때에 나서, 자성(自性)의 성성(惺惺)이 천천소소(辿辿昭昭)하여 날로 가지런함에, 자성(自性)이 허령불매(虛靈不昧)를 회복하여, 무위(無爲)에 거닐게 됨에 천신(天神)이 외호(外護)하였다는 뜻이다. 천신외호(天神外護)의 이(理)는 범부의 사유(思惟) 밖이다. 범부의 사유(思惟) 밖이라 함은 자성(自性)이 허령불매(虛靈不昧)를 회복한 이후의 경지에 천신외호(天神外護)의 실지가 있나니, 범부가 볼 수 없는 세계이니, 그 요(要)는 망(妄)을 그치는 것이다. 덕(德)란 자성(自性)의 내용이다.

天有四時하니 春秋冬夏와 風雨霜露가 無非教也니라
천 유 사 시 춘 추 동 하 풍 우 상 로 무 비 교 야
地載神氣하나니 神氣風霆이니 風霆이 流形하며 庶物이
지 재 신 기 신 기 풍 정 풍 정 유 형 서 물
露生하나니 無非教也니라 清明이 在窮하여 氣志如神이
노 생 무 비 교 야 청 명 재 궁 기 지 여 신
라 嗜欲將至에 有開必先하나니라 天降時雨에 山川出
기 욕 장 지 유 개 필 선 천 강 시 우 산 천 출
雲하나니라
운

하늘엔 사시(四時)가 있다. 춘하추동(春夏秋冬)과 바람과 비와 서리와 이슬[風雨霜露]이 모두 천도(天道)의 가르침 아닌 것이 없다. 땅은 신기(神氣)를 실었으니, 신기(神氣)는 바람과 천둥소리[風霆]이다. 풍정(風霆)이 뭇 모습으로 유행(流行)하여, 만물이 이슬을 머금고 나게 하나니 가르침 아닌 것이 없다. 청명(清明)이 몸에 있으면, 기지(氣志)가 신(神)과 같다. 기욕(嗜欲)이 장차 이르려 하면, 하늘이 반드시 먼저 조짐(兆朕)을 보인다. 하늘이 비를 내리려 하면 산천(山川)이 구름을 내보낸다.

碧峙解

"춘하추동(春夏秋冬)과 바람과 비와 서리와 이슬이 모두 하늘의 가르침 아닌 것이 없다."함은 천지만물(天地萬物)과 그 운

행(運行)이 무정(無情)으로 소요(逍遙)하며 운행(運行)한다는 뜻이다.

자성(自性)은 거울과 같아, 다만 자성(自性)의 거울[性鏡]에 천지만물(天地萬物)이 와서 비치고 담길 뿐이다. 범부의 유정(有情)으로 사유(思惟)함에 호오(好惡)와 선악(善惡)과 시비(是非)가 싹트는 것이다. 유정(有情)이 범부의 근본병(根本病)이나, 아는 이가 드물다. 천지만물과 그 운행(運行)이 무정(無情)으로 소요(逍遙)하는 것을 이름은, 사람의 본래(本來)도 그와 같음을 보이는 것이다. 서인(庶人)이라도 자성(自性)의 무정(無情)을 회복하면 고덕달사(古德達士)와 어깨를 나란히 하게 되는 것이다.

신(神)이란 성(性)이니 곧 정기신(精氣神)을 이른다. 정기신(精氣神)이란 자성(自性)의 삼처(三處)를 이르는 것이니, 풀어 이르면, 자성(自性)에 올곧게 합하면 정(精)이라 하고, 자성(自性)이 순용(順用)하는 때를 기(氣)라 하며, 자성(自性)이 만사(萬事)를 주재(主宰)하는 때를 신(神)이라 한다.

고로 정(精) 기(氣) 신(神)이란 자성(自性)의 세 이름일 따름이다. 하나로 드러내어 이르면 일심(一心)이라 한다. 일심(一心)이 곧 천도(天道)이다.

其在詩曰 崇崇維嶽이 峻極于天이로다 維嶽降神하여 生甫及申이로다 維申及甫 爲周之翰이로다 四國于蕃이며 四方于善이로다하니 此文武之德也라 三代之王也에 必先其令聞하시니라
기재시왈 숭숭유악 준극우천 유악강신 생보급신 유신급보 위주지한 사국우번 사방우선 차문무지덕야 삼대지왕야 필선기령문

시경(詩經)에 이르기를, "높고 높은 저 산이여! 우뚝함이라, 하늘에 닿았네. 저 산에 신령(神靈)이 내렸나니, 중산보(仲山甫). 신백(申伯)을 낳았네. 신백(申伯)과 중산보(仲山甫)는 주(周)나라의 기둥 되었네. 사국(四國)을 지키는 울이 되었고, 교화를 사방(四方)에 폈네."라 했으니, 이는 문무(文武)의 덕이다. 삼대(三代)의 왕 노릇 함에는 반드시 그 아름다운 명성(名聲)이 먼저 들렸다.

碧峙解

덕(德)을 어진 덕(德)이라 번역(飜譯)함은, 덕(德)의 내용이 인(仁)이기 때문이다. 덕(德)의 작용이 무위(無爲)요, 무위(無爲)의 체(體)가 무심(無心)이며, 무심(無心)이란 자성(自性)이 진실(眞實)하여 불허(不虛)하며 홀로 두렷함이니, 밝은이는 오직 일심(一心)이라 한다. 이 도리(道理)는 만세(萬歲)에 불변(不變)이다.

詩云 明明天子는 令聞不已라하니 三代之德也요 弛
시 운 명 명 천 자 영 문 불 이 삼 대 지 덕 야 이

其文德하사 協此四國이라하나니 大王之德也니라
기 문 덕 협 차 사 국 대 왕 지 덕 야

시경(詩經)에 이르기를 "밝으신 천자(天子)여! 아름다운 명성(名聲)이 끊이지 않네! 어진 그 덕(德)을 널리 펴시어, 천하(天下)에 가득 차게 하셨네!"라 하였으니, 이는 대왕(大王)의 덕(德)인 것이다.

碧峙解

문왕(文王)과 무왕(武王)의 덕(德)이라 함은, 문왕(文王)과 무왕(武王)이 자성(自性)을 밝혀, 천천(辿辿)히 성성(惺惺)하여 무위(無爲)의 도(道)에 거처하면서, 정사(政事)를 펼친 천덕(天德)을 공자(孔子)께서 설명하는 것이다.

아름다운 명성(名聲)이란 무정(無情)으로 소요(逍遙)함에 허물이 없기 때문이다. 삼대(三代)란 천년(千年)이니, 묘전승승(妙傳承承)하였음을 이른다.

子夏 蹶然而起하여 負牆而立曰 弟子敢不承乎니이까
자하 궐연이기 부장이립왈 제자감불승호

자하(子夏)가 뛰어 일어나서 벽을 등지고 서서 말했다. "제자(弟子)가 어찌 감히 배워 따르지 않으리까?"

碧峙解

자하(子夏)가 이 도리(道理)를 듣자마자 어떻게 꿰뚫었겠는가? 다만 호념(護念)하여 그렇게 되도록 노력하겠다는 의미이다. 자하(子夏)는 덕혜술지자(德慧術智者)일 따름이다.

공자(孔子)께서 가리키신 것은 자성(自性)의 청정(淸淨)이요, 청정(淸淨)에 계합(契合)하는 요목(要目)은 무정(無情)이라 이르시고, 무정(無情)의 도리(道理)에 합(合)하면 무성지악(無聲之樂)과 무체지례(無體之禮)와 무복지상(無服之喪)을 알 수 있다고 하신 것이다.

삼무(三無)를 체득(體得)해야 천하에 무위(無爲)로 소요(逍遙)할 수 있으며 세상의 스승이 될 수 있음을 설하신 것이다. 모름지기 자성(自性)을 밝혀야 일심(一心)의 묘리(妙理)에 통(通)하여 자기(自己)의 본래(本來)를 회복(回復)할 수 있는 것이다. 자기(自己)를 회복(回復)한 연후에사, 공자(孔子)의 지의(至意)를 알 수 있는 것이니, 이는 불변(不變)의 도리이다.

仲尼閒居 終

계사촬요繫辭撮要

10章

계사촬요서繫辭撮要序

역(易)은 점서(占書)이다. 상고(上古)에 선성(先聖)이 나라와 백성의 안녕(安寧)을 생각하여 점(占)을 쳤다. 점(占)은 선성(先聖)이 기후, 전쟁, 질병 등을 선지(先知)하여 백성을 재난으로부터 보호하고자 하는 수단이었다. 선성(先聖)은 사사로이 선지(先知)를 위해 점(占)을 치지 않았으나 후대(後代)에 와서 천박(淺薄)한 점술(占術)의 하나로 자리매김 하게 된 것이다.

공자(孔子)께서 선성(先聖)의 본지(本旨)를 꿰고 역(易)의 정지(正旨)를 세워 계사(繫辭)와 문언(文言)을 지은 것이다. 이는 공자(孔子)의 유일한 저술(著述)이라 전한다. 공자(孔子)께서 계사(繫辭)와 문언(文言)에 사람의 근원(根源)을 드러내고, 그 근원에 나아가는 도리(道理)를 간명직절(簡明直切)하게 설명하였으로 역(易)의 대의(大義)가 올곧게 드러난 책이다.

예부터 상대인(上大人)이 아니면 계사(繫辭)와 문언(文言)을 꿰어 알 수 없다고 하였다. 무사(無思), 정위(情僞), 무위(無爲), 적연부동(寂然不動), 경이직내(敬以直內), 의이방외(義以方外), 개물성무(開物成務) 등의 해석이 어려운 까닭이라 하겠다. 우(愚)가 계사촬요십목(繫辭撮要十目)을 광편(狂編)한 것은 비록 범부의 처지이나 공자(孔子)의 뜻을 곧바로 탐구(探究)하여 그 뜻에 합하여 도(道)를 밝히고자하는 취지(趣旨)이다. 다만 그러하다. 뒷사람의 고언(苦言)을 기다린다.

碧峙病叟

무방무체장 無方無體章

天尊地卑하니 乾坤이 定矣요 卑高以陳하니 貴賤이 位矣
천 존 지 비 건 곤 정 의 비 고 이 진 귀 천 위 의

요 動靜有常하니 剛柔斷矣요 方以類聚하고 物以群分하
동 정 유 상 강 유 단 의 방 이 류 취 물 이 군 분

니 吉凶生矣요 在天成象하고 在地成形하니 變化가 見
길 흉 생 의 재 천 성 상 재 지 성 형 변 화 현

矣라. 範圍天地之化而不過하며 曲成萬物而不遺하며
의 범 위 천 지 지 화 이 불 과 곡 성 만 물 이 불 유

通乎晝夜之道而知라. 故로 神无方而易无體하니라.
통 호 주 야 지 도 이 지 고 신 무 방 이 역 무 체

하늘은 높고 땅은 낮으니 건괘(乾卦)와 곤괘(坤卦)가 정해지고, 낮은 것과 높은 것이 베풀어지니 귀(貴)함과 천(賤)함이 자리 잡히고, 움직이는 것(動)과 고요한 것(靜)이 있어 강(强)과 유(柔)가 판단되고, 방소(方所)로서 동류(同類)를 모으고 사상(思想)으로 무리를 갈라놓아 좋은 것과 나쁜 것이 생기나니, 천(天, [性])이 현상을 이루고, 지(地, [行])에 형상(刑象)을 이루는 변화가 나타나는 것이다.

천지의 조화(造化)를 범위로 하여 둘러싸도 허물되지 않고, 만물을 곡진(曲盡)하여도 남김이 없으며, 주야(晝夜)의 도(道)를 통하여 안다. 그러므로 신(神, [性])은 방소(方所)가 없고, 역(易)은 모습이 없다.

碧峙解

성(性)은 높고 정(情)은 낮으니 성인과 범부가 정해지고, 드밝은 도(道)와 속정(俗情)의 형례(形禮)와 윤리(倫理)가 베풀어지니, 귀(貴)하고 천(賤)함이 갈라지고, 동정(動靜)을 두어 강유(剛柔)를 판단하고, 이런저런 사상(思想)으로써 동류(同類)를 모으는 것이다. 사상(思想)으로 무리를 갈라놓아 길(吉)과 흉(凶)이 생기는 것은 성(性)이 정(情)에 가려져 범부의 견해가 여러 가지로 나타나기 때문이다. 성(性)은 천지의 조화(造化)가 둘러싸도 방해롭지 아니하고, 만물에 나아가도 허물되지 아니한다. 성(性)은 주야(晝夜)에 밝으며, 그 신령(神靈)함에 방위(方位)가 없고, 그 체(體)는 모습이 없다.

註

□ 천존지비(天尊地卑)에 천(天)은 성(性)이요, 비(卑)는 정(情)이니 곧 칠정이요, 칠정은 범부의 마음이다.

□ 귀(貴)는 성(性), 천(賤)은 칠정(七情)을 가리킨다.

□ 동정강유(動靜剛柔)란 범부가 동정(動靜)을 두므로 강유(剛柔)가 있는 것이나, 동정이 일물(一物)임을 밝히 알면, 강유가 일물의 이(理)를 따라 민멸(泯滅)한다.

□ 유취군분(類聚群分)란 칠정(七情)의 취미(趣味)따라 군생(群生)이 유(類)를 이루고, 갈래 따라 군생(群生)이 분(分)을 달리하는

것이다.

□ 길흉(吉凶)은 군생의 행업(行業)따라 길흉이 생기는 것이다. 칠정의 행업이 정위(情僞)의 환몽(幻夢)임을 깨치면, 몽환의 길흉은 사라진다. 길흉이 사라지면 마침내 상락(常樂)이 펼쳐지는 것이다. 상락(常樂)의 내용은 천연(天然)이며 무위(無爲)이다.

□ 불과불유(不過不遺)는 도(道)가 불변이란 뜻이다. 천지가 뒤바뀌고 만물이 생하고 멸하여도 자성(自性)의 도(道)는 불과불유(不過不遺)하나니, 만유가 성(性) 가운데 환생환멸(幻生幻滅)하는 까닭이다.

□ 신(神)이란 성(性)의 다른 이름이다. 성(性)은 곧 진심(眞心)이다. 성(性)의 다른 이름에 귀신(鬼神), 명덕(明德), 도심(道心), 심성(心性) 등이 있다.

□ 주야지도(晝夜之道)란 성(性)이 주야(晝夜)에 모습 없이 성성(惺惺)하다는 뜻이다. 성(性)은 무시무종(無始無終)으로 불가불손(不可不損)이며, 무형무색(無形無色)인 것이다.

□ 무방무체(无方无體)의 무(无)는 무(無)이다. 성(性)은 육합(六合)에 속하지 아니하므로 무방(無方)이라 하고, 무형(無形)인 까닭에 무체(無體)라 한다. 성(性)은 모습이 없는지라, 성인(聖人)이 온갖 방법으로 설명하나, 범부가 쉬이 알아듣지 못하는 것이다.

ㅁ 계사(繫辭)란 설괘(設卦)의 설명에, 불변의 이(理)를 두므로 원시반종(原始反終)이요, 불변불개(不變不改)의 이(理)라 한다.

일음일양장 一陰一陽章

一陰一陽之謂道니 繼之者는 善也요 成之者는 性也
일음일양지위도 계지자 선야 성지자 성야

니라 仁者見之에 謂之仁하며 知者見之에 謂之知요 百
인자견지 위지인 지자견지 위지지 백

姓은 日用而不知라 故로 君子之道鮮矣니라. 顯諸仁
성 일용이불지 고 군자지도선의 현저인

하며 藏諸用하야 鼓萬物而不與聖人同憂하나니 盛德
장저용 고만물이불여성인동우 성덕

大生生之謂易이요 成象之謂乾이요 效法之謂坤이니라
대생생지위역 성상지위건 효법지위곤

[自性이] 한때 음(陰)이 되고, 한때 양(陽)이 되는 것을 일러 도(道)라 한다. 이를 무간(無間)으로 계속하는 것을 선(善)이라 하며, [無爲粹然히] 동정(動靜)을 이루는 체(體)를 자성(自性)이라 한다. 인자(仁者)가 자성(自性)으로 봄[見]에 인(仁)이라 하고, 지자(知者)가 봄[見]에 자성(自性)을 안다 라 한다. 범부는 날마다 자성(自性)을 온전히 쓰면서도 알지 못한다. 그러므로 군자(君子)의 도(道)를 아는 이가 드문 것이다.

[上智君子의 道는] 모든 인(仁)이 드러나며 일용(日用)에 온전히 갖추어져 만물에 무심(無心)하되, 성인(聖人)과 더불어 근심이 없다. 인(仁)의 밝음을 건(乾)이라 하며, 인(仁)을 본받음을 곤(坤)이라 한다.

碧峙解

자성(自性,[眞心])이 적연부동(寂然不動)으로 보고 듣고 말하고 거님을 도(道)라 한다. 보고 듣고 말하고 거닐 때, 칠정(七情)이 나지 않음을 선(善)이라 하고, 이러히 적연부동(寂然不動)으로 만사를 이루는 체(體)를 자성(自性,[眞心])이라 한다. 인(仁)한 이는 무위(無爲)의 인(仁)에 거처하므로 동용주선(動容周旋)에 성(性)이 인(仁)으로 나타나고, 지자(知者)는 다만 자성(自性)을 아는데 그치므로 유위(有爲)에 머문다. 지자(知者)는 다만 자성(自性)을 아는 것의 계위(階位)를 이른다. 범부는 일용(日用)에 자성(自性)으로 행하면서도 자성(自性)을 알지 못한다. 그런 까닭에 군자의 도(道)를 아는 이가 드물다고 하는 것이다. 동용주선(動容周旋)에 온전히 인(仁)이 갖추어져 만사에 무심(無心)하면 성인(聖人)과 더불어 근심이 없는 것이다. 이를 일러 성덕(性德)이 지극(至極)하다고 한다.

註

ㅁ 자성(自性)이 적연부동(寂然不動)으로 보고 듣고 말하고 거니는 작용을 도(道)라 한다. 그 작용에 칠정(七情)이 없는 경지를 지선(至善)이라 하고, 이러히 적연부동으로 만사에 작용하는 주인을 진아(眞我)라 하고, 진심(眞心)이라 하며, 또 진성(眞性)이라고도 부른다. 진성(眞性)으로 소요(逍遙)하는 것을 도(道)라 한다. 이 밖에 다른 도(道)는 없다.

□ 진성(眞性)을 철견(徹見)해야 진성(眞性)과 칠정(七情)의 정체를 적확(的確)히 알 수 있다. 진성(眞性)을 밝히는 공부방법이 경(敬)이다.

□ 일음일양론(一陰一陽論)은 성(性)의 체용(體用)을 가리키는 설명이다. 범부의 견해에는 자성(自性)에 동정(動靜)이 있는 것으로 판단한다. 그러나 그 근본을 이르면 자성(自性)은 동정(動靜)을 짓되 동정(動靜)에 속하지 않으며, 비록 체용(體用)의 설명을 두나 체용(體用)으로 나뉘지 않는 것이다. 고로 일음일양론(一陰一陽論)은 체용불이설(體用不異說)인 것이다.

□ 계(繼)란 일음일양(一陰一陽)을 무간(無間)으로 이루는 것을 이른다. 자성(自性)은 본래로 무정(無情)이므로 칠정 없이 동정(動靜)을 이루는 것이다. 범부가 칠정에 실낙(失落)하여 망령되이 유간(有間)을 짓는 것이다.

□ 선(善)이란 올곧은 인식(認識)이다.

□ 성(成)은 이루는 뜻이다. 이룬다고 하였으나 이룬 바가 없다. 이것은 자성(自性)을 밝힌 연후에 알 수 있는 소식(消息)이다.

□ 공자(孔子)께서는 오직 자성(自性)을 가리키고, 자성(自性)의 내용을 설명하는 것을 상로(上路)로 삼는다. 노자(老子)는 자성(自性)을 유물혼성(有物混成)이라 하고, 비유하여 곡신(谷神)이라

한다. 자성(自性)은 모습 없이 신령(神靈)하여, 그 생(生)이 불측(不測)이기 때문이다.

□ 인자(仁者)를 상지군자(上智君子)라 한다. 상지군자는 개오(開悟) 이상의 경지(境地)이다. 이 경지는 지천명(知天命)이상을 이른다. 공자(孔子)께서 오십 세에 이르고 4년을 순숙한 뒤에 합한 경지이다.

□ 지자(知者)는 불혹군자(不惑君子)를 이른다. 인심(人心)과 도심(道心)을 잘 분별하여 아는 경지이다. 그러므로 불혹(不惑)이라 한다. 공자(孔子)께서 사십 세에 이른 경지(境地)이다.

□ 백성일용이부지(百姓日用而不知)란 범부가 자성(自性)을 자족(自足)하여 날마다 쓰고 있으나, 스스로 알지 못한다는 뜻이다. 지금 세상의 학자(學者)들이 범부는 그릇이 정해져서 노력해도 도(道)를 얻을 수 없다고 한다. 또한 정습(情習)이 마음이 아니면 무엇이 마음인가?라 하나니, 이런고로 군자(君子)의 도(道)가 드문 까닭이 이런 벽견에 있는 것이다.

□ 고만물이불우(鼓萬物而不憂)란 만물에 고무하되 무사(無思)하므로 칠정(七情)이 없는 까닭에 불우(不憂)이다.

지숭예비장 知崇禮卑章

子曰 易其至矣乎인저 夫易은 聖人所以崇德而廣業也니 知는 崇하고 禮는 卑하니 崇은 效天하고 卑는 法地하니라
자왈 역기지의호 부역 성인소이숭덕이광업 야 지 숭 례 비 숭 효천 비 법지

공자(孔子)께서 이르신다. "역(易, [道])의 그 지극함이여! 역(易)은 성인이 덕(德)을 숭상하여 무위(無爲)의 업(業)을 넓힌 바이다. 지혜를 높이 하고 예(禮)는 낮추는 것이다. 높이는 것은 성(性, [眞心])을 본받는 것이요, 낮추는 것은 인(仁)의 겉모습[形]을 본받는 까닭이다."

碧峙解

공자(孔子)께서 이른다. "도(道)의 지극함이여! 성인의 도(道)는 덕(德)을 우러러 적연무위(寂然無爲)의 교(敎)를 넓힌 것이다. 모름지기 지혜는 높고 형례(形禮)는 낮은 것이다. 높은 것은 인(仁)에 바탕한 까닭이요, 낮은 것은 인(仁)의 겉모습[形禮]을 따르기 때문이다.

註

□ 숭덕광업(崇德廣業)이란 역(易)이 성인(聖人)의 덕(德)을 숭상

(崇尙)하여 무위(無爲)의 업(業)을 넓힌 것이다.

ㅁ 지숭예비(知崇禮卑)란 지혜를 높이고 형례(形禮)를 낮추는 것이다. 성(性)을 밝혀 본연(本然)의 지혜(智慧)를 써야 고향(故鄕)에 돌아온 것이다.

적연부동장 寂然不動章

易은 无思也하며 无爲也하여 寂然不動으로 感而遂通
역 무사야 무위야 적연불동 감이수통

天下之故하나니 非天下之至神이면 其孰能與於此리요
천하지고 비천하지지신 기숙능여어차

역(易)은 [생각하되] 칠정(七情)의 생각이 없으며, 함이 없이(無爲) 고요하여 움직이지 않으면서[寂然不動] 오롯이 천하의 본래에 통한다[感通天下之故]. 천하의 지극히 신령(神靈)함이 아니면 그 누가 여기에 참여할 수 있겠는가?

碧峙解

자성(自性)의 본연(本然)은 칠정(七情) 없이 생각하며, 칠정(七情)의 함이 없으며, 항상히 적연부동(寂然不動)으로써 천하만사(天下萬事)에 응하는 것이다.

천하에 지극(至極)히 신령(神靈)하여 무사무위(無思無爲)의 경지에 이르지 아니하면 여기에 참여하지 못하는 것이다.

註

□ 역(易)은 무사(無思) 즉 무심(無心)이다. 그러므로 그 작용에 무위(無爲)하는 것이다. 무심(無心)의 적연부동(寂然不動)으로 천

하의 본래(本來)에 통함이 도(道)이다. 천하에 지극이 무심(無心)한 이가 아니면 누가 이러할 수 있겠는가? 무심(無心)이란 칠정(七情)을 여윈 마음이다.

□ 배우는 이가 명성공부(明性工夫)의 방법에 대해 바르게 알지 못하면 오랜 세월을 노력해도 헛수고가 되는 것이다.

□ 공부방법은 경(敬)과 성(誠) 뿐이다. 경(敬)의 요목(要目)은 반지(反之)요, 성(誠)의 요목은 성성(惺惺)이다. 성(誠)은 개오(開悟) 이후의 공부법(工夫法)이다.

□ 공부법(工夫法)의 순서(順序)는 대저 일곱이다. 망세(忘世), 사무념(思無念), 입경(立敬), 반지(反之), 입성(入誠), 거성(居誠), 지성(至誠)이다. 입경반지(立敬反之)는 경이직내(敬以直內)와 통(通)하고, 입성(入誠)은 의이방외(義以方外)와 통(通)한다.

□ 변(變)이란 동정(動靜)의 작용을 가리킨다. 동용주선(動容周旋)의 변화 가운데 불변(不變)을 보는 것이 곧 지극(至極)한 변화(變化)를 아는 것이다. 다시 말해 동정(動靜)이 곧 불변(不變)이란 뜻이니, 변(變)과 불변(不變)이 다르지 않다는 것이다. 이 도리(道理)를 누가 있어 믿고 따르겠는가? 믿어 따르는 이가 드문 고로 도(道)가 넓혀지지 못하는 것이다.

만약 변(變)과 불변(不變)이 다르지 않다는 도리(道理)를 통해(通解)한다면, 이미 도(道)가 가까운 것이다.

불행이지장 不行而至章

夫易은 聖人之所以極深而研幾也니 唯深也 故로 能
부 역 성 인 지 소 이 극 심 이 연 기 야 유 심 야 고 능

通天下之志하며 唯幾也 故로 能成天下之務하며 唯
통 천 하 지 지 유 기 야 고 능 성 천 하 지 무 유

神也 故로 不疾而速하며 不行而至니라
신 야 고 부 질 이 속 불 행 이 지

대저 역(易)은 성인이 마음[眞心]의 은미(隱微)함을 깊이 살피고 자성(自性)의 기미(機微)에 통달(通達)하지 않음이 없는 바이다. 오직 깊기 때문에 천하 사람의 뜻에 통하며, 오직 기미(機微)를 통달(通達)하기에 천하의 일에 이르고, 오직 신령(神靈)하기 때문에 칠정(七情)의 병(病)이 없으므로, 속(速)하여 가지 않고도 이른다.

碧峙解

역(易)은 성인(聖人)이 진심(眞心)의 은미(隱微)함과 탁연(卓然)한 기미(機微)에 통달(通達)하여 가르침을 드러낸 책이다. 지극히 깊기에 천하의 뜻에 통하며, 본연(本然)의 기미(機微)에 통달(通達)하였기에 함이 없이 천하사(天下事)를 이루고, 오직 신령(神靈)하기에 칠정(七情)에 머무는 병(病)이 없어, 속(速)하여 가지 않고도 이르는 것이다.

註

□ 유심(唯深)이란 무성무취(無聲無臭)함을 이른다.

□ 유기(唯幾)는 자성(自性)이 무형무색(無形無色)하므로, 그 기미(機微)로써 아는 것을 이른다.

□ 유신(唯神)이란 신령(神靈)함이니, 자성(自性)이 혼지불탁(混之不濁)하며, 명지불명(明之不明)하며 청정광명(淸淨光明)한 까닭이다.

□ 부질이속(不疾而速)이란 자성(自性)에 칠정(七情)이 있지 아니함을 이른다. 칠정(七情)이 없으므로 장애(障礙)가 없어 속(速)이라 한다.

□ 불행이지(不行而至)란 자성(自性)이 적연부동(寂然不動)으로 천하만사(天下萬事)에 응(應)하는 것을 이르는 것이다. 곧 자성(自性)이 항상하면서 시공(時空)을 초월(超越)한 절대 주인(主人)이란 뜻이다.

개물성무장 開物成務章

子曰 夫易은 何謂者也오 夫易은 開物成務하여 冒天下之道하나니 如斯而已者也라 是故로 聖人以通天下之志하며 以定天下之業하며 以斷天下之疑하나니라 是以明於天之道 而察於民之故하여 是興神物하여 以前民用하니 聖人이 以此齋戒하여 以神明其德夫인저

자왈 부역 하위자야 부역 개물성무 모천하지도 여사이이자야 시고 성인이통천하지지 이정천하지업 이단천하지의 시이명어천지도 이찰어민지고 시흥신물 이전민용 성인 이차재계 이신명기덕부

공자(孔子)께서 이른다. "역(易)은 어떤 것인가? 대저 역(易)은 칠정(七情) 없는 마음을 열어 만사에 무위(無爲)하여 천하의 도(道)를 덮나니 이 같을 따름이다. 이러므로, 성인(聖人)이 이로써 천하의 뜻에 통하고, 천하의 사업(事業)을 정하여 천하의 의심(疑心)되는 것을 판단(判斷)하느니라. 이러므로 성(性)의 도(道)에 밝아 백성의 성(性)을 드러내고 자질(資質)과 일을 살핀다. 신령(神靈)스러운 마음을 일으키어 백성의 마음쓰임에 앞서 본보기가 된다. 성인(聖人)은 이 때문에 마음에 칠정(七情)의 몽환(夢幻)이 없게 하여 그 덕(德)을 신령스러이 밝힌다."

碧峙解

공자(孔子)께서 이른다. "대저 역(易)은 어떤 것인가? 역(易)은 칠정(七情) 없는 참마음을 열어서 천하만사에 성(誠)으로 무위(無爲)하여 천하에 도(道)를 행한다. 오직 이와 같을 따름이다. 이러히 하여 천하에 무사(無事)의 도로써 통(通)하고, 천하사에 무사(無事)의 도(道)로써 판단한다. 이러므로 성(性)에 밝아야 범부의 성(性)을 드러낼 수 있고, 범부의 자질(資質)에 따라 가르침을 펼 수 있는 것이요, 신묘(神妙)한 참마음을 밝혀야 범부의 모범(模範)이 되는 것이다. 이런고로 성인(聖人)은 참마음에 몽환(夢幻)의 칠정(七情)이 없음으로써 그 신령(神靈)한 덕(德)을 밝혀 가르치는 것이다."

註

□ 개물성무(開物成務)의 개물(開物)은 진심(眞心)을 밝힌 것이요, 성무(成務)는 진심으로 무위이성(無爲而成)함이다. 즉 함이 없이 천하만사(天下萬事)에 응하여 그 사(事)를 이루는 것을 이른다.

□ 신명기덕(神明其德)이란 진심(眞心)이 무형무적(無形無迹)하여 신령(神靈)스런 덕(德)을 나투는 대용(大用)을 이르는 것이다.

□ 재계(齋戒)란 칠정(七情)의 몽환(夢幻)에 속지 않음을 공부(工夫)의 요목(要目)으로 삼는 것이다.

서부진언장 書不盡言章

子曰書不盡言하며 言不盡意니 然則聖人之意를 其
자 왈 서 불 진 언 언 불 진 의 연 즉 성 인 지 의 기

不可見乎아 子曰 聖人이 立象하여 以盡意하며 設卦하
불 가 견 호 자 왈 성 인 입 상 이 진 의 설 괘

여 以盡情僞하며 繫辭焉하여 以盡其言하며 變而通之하
이 진 정 위 계 사 언 이 진 기 언 변 이 통 지

여 以盡利하며 鼓之舞之하여 以盡神하니라.
이 진 리 고 지 무 지 이 진 신

공자(孔子)께서 이른다. "글은 말을 다하지 못하고[書不盡言], 말은 뜻을 다하지 못한다[言不盡意]." 그런즉 성인(聖人)의 뜻을 볼 수 없겠는가? 공자(孔子)께서 말씀하신다. "성인(聖人)은 상(象)을 세움으로써 무사(無思)의 뜻을 다하고, 괘(卦)를 베풂으로써 정(情)의 거짓[僞]을 밝혀 불변(不變)의 말[道]을 세워[繫辭] 그 말[道]을 다하는 것이다. [假有의] 정(情)을 변화(變化)하여 성(性)을 통달함으로써 이익(利益)을 다하고, 이것을 고무함으로써 신명(神明)을 다한다."

碧峙解

공자(孔子)께서 "글은 말을 다하지 못하고[書不盡言], 말은 뜻을 다하지 못한다[言不盡意]."라 한다. 오직 스스로 성(性)을 밝혀야

성인의 뜻을 볼 수 있는 것이다. 상(象)을 세워 성(性)의 뜻을 전하고, 괘(卦)를 베풀어 정(情)이 거짓마음[僞心]인 것을 밝혀 불변의 말[道]을 세우는 것이다.

이것이 계사[繫辭]이다. 계사[繫辭]란 성인(聖人)이 다시 오더라도 고칠 수 없는 절대(絶對)의 말씀이란 뜻이다. 계사(繫辭)는 인심(人心)과 도심(道心)을 가려 드러내며, 설명을 붙여 자세히 알게 하며, 마음의 변화(變化)에 그 주인(主人)을 통달(通達)함으로써 바르게 하며, 이러한 도리(道理)를 범부에게 가르쳐 넓힘으로써 범부가 마침내 본래(本來)의 도(道)에 합(合)하게 하려는 것이다.

註

ㅁ 서부진언언부진의(書不盡言言不盡意)란 글은 말을 다하지 못하고(書不盡言), 말은 뜻을 다하지 못한다(言不盡意)는 것이니, 글과 말로써 성(性)을 온전히 설명할 수 없다는 뜻이다. 대저 배우는 이가 높은 스승의 직지(直指)에 힘입어 문(門)을 열어야 허물이 없는 것이다. 안회(顔回)가 극기복례(克己復禮)의 말을 듣고, 환아(幻我)를 잊고 성(性)을 밝혀 참나[眞我]를 드러내어 지례(至禮)로써 행하고자함이 본보기이다. 반드시 그 사람이라야 그 말[道]을 듣고, 그 행(行)에 나아갈 수 있는 것이다. 이런 까닭에 현성(賢聖)을 기다리는 것이다. 공자(孔子)께서 오십 세에 명성(明性)하시고 사년(四年)을 응심부동(凝心不動)한 뒤에 큰 인물을 찾아 천하주유(天下周遊)하였던 것이다. 현성(賢聖)이 도체(道體)

를 가르침에 있어 상선군자(上善君子)에게는 오직 직지(直指)로써 보일 뿐이요, 그 다음의 인물에는 직지(直指)와 설명(說明)을 겸하나니, 이를 일러 구전심수(口傳心授)라 하는 것이다.

ㅁ 설괘(設卦)하여 이진정위(以盡情僞)하여 계사언(繫辭焉)이라함은 괘(卦)를 베풀어 정(情)이 거짓마음[幻心]인 것을 밝혀 불변(不變)의 말[道理]을 세우는 것이다. 이것이 성인(聖人)의 계사(繫辭)이니, 영세(永世)토록 고칠 수 없는 대진리(大眞理)인 것이다.

ㅁ 공자(孔子)께서 칠정(七情)이 거짓마음[幻心]이라 한다. 그러나 거짓마음[幻心]을 쓰는 주인(主人)이 자성(自性)이다. 그러한즉 공부(工夫)란 칠정(七情)의 체(體)를 반조(返照)하여 자성(自性)에 통달(通達)하는 것이다. 통달(通達)하면 칠정(七情)이 곧 자성(自性)임을 보게 된다.

그 본 바는 자성(自性)이요, 자성(自性)이 현현(顯現)한 이후, 확인(確認)한 바는 칠정(七情)이 거짓마음[幻心]이다. 이러한 이치는 개오(開悟)한 이의 견처(見處)요, 참다운 말이라, 칠정(七情) 속에 있으면서 말만 배워 읊조리면 또한 깊은 병통(病痛)을 낳는 것이다.

ㅁ 정(情)이 거짓마음이라면 정(情)은 다만 몽환(夢幻)이라, 본래(本來) 없는 것일 뿐이다. 범부가 미혹(迷惑)하여 본래(本來) 없는 것을 있다고 여기는 병(病)에 걸렸을 뿐인 것이다. 병(病)을 알아 병(病)을 벗고자 함이 공부(工夫)이다.

□ 바른 길을 찾은 공부인(工夫人)은 몽환(夢幻)을 쉬는 노력 또 노력만이 해맑은 인생을 찾는 길이라 하겠다. 그 방도(方道)는 경(敬)이요, 그 누림은 성(誠)이다. 경(敬)의 내용은 반조(返照)요, 성(誠)의 내용은 성성(惺惺)이다. 비록 이해가 어렵더라도 이 길이 공자(孔子)의 상지(上旨)임을 통해(通解)한다면 도(道)가 가까이에 있는 것이다.

형이상하장 形而上下章

是故로 形而上者를 謂之道요 形而下者를 謂之器니라
시 고 형 이 상 자 위 지 도 형 이 하 자 위 지 기

化而裁之를 謂之變이오 推而行之를 謂之通이오 擧而
화 이 재 지 위 지 변 추 이 행 지 위 지 통 거 이

措之天下之民을 謂之事業이라.
조 지 천 하 지 민 위 지 사 업

[繫辭撮要 五, 六章의 이치와 같이] 이러하므로 형이상(形而上)을 도(道)라 하고, 형이하(形而下)를 기(器)라 한다. 화(化)하여 제재(制裁)하는 것을 변(變)이라 하고, 추진(推進)하여 운행하는 것을 통(通)이라하고, 들어서 천하의 백성을 조치(措置)하는 것을 사업(事業)이라 한다.

碧峙解

이러하므로 자성(自性)의 모습 없음[形而上]을 도(道)라 하고, [性을 說明함에] 부득이(不得已) 모습을 두어[形以下] 설명하는 것을 기(器)라 한다. 처소(處所)와 때에 따라 알맞게 성(性)이 주재함을 변화(變化)라 하고, 일용행사(日用行事)에 행함을 통(通)한다 라 한다. 자성(自性)의 지극한 도(道)를 범부에게 가르쳐 넓히는 것을 사업(事業)이라 하는 것이다.

註

□ 형이상(形而上)은 성(性)의 체(體)를 가리키는 말이다.

□ 형이하(形而下)는 성(性)의 작용을 형용하는 말이다.

승명일자장 勝明一者章

吉凶者는 貞勝者也니 天地之道는 貞觀者也요 日月
길흉자 정승자야 천지지도 정관자야 일월
之道는 貞明者也요 天下之動은 貞夫一者也라. 子曰
지도 정명자야 천하지동 정부일자야 자왈
天下何思何慮리오 天下同歸而殊塗하며 一致而百
천하하사하려 천하동귀이수도 일치이백
慮니 天下何思何慮리오 日往則月來하고 月往則日來
려 천하하사하려 일왕칙월래 월왕칙일래
하야 日月이 相推而明生焉하며 寒往則暑來하고 暑往
일월 상추이명생언 한왕칙서래 서왕
則寒來하야 寒暑相推而歲成焉하니 往者는 屈也요 來
칙한래 한서상추이세성언 왕자 굴야 래
者는 伸也니 屈伸이 相感而利生焉하니라.
자 신야 굴신 상감이리생언

길(吉)과 흉(凶)은 올곧게 보는 것이니 천지의 도(道)는 바르게 보는 것이요, 일월의 도(道)는 바르게 밝은 것이요, 천하의 동(動)하는 것은 바른 것이 하나[一]뿐이니라.

공자(孔子)께서 이르신다. "천하에 무엇을 생각하고 무엇을 염려하리오. 천하가 돌아가는 곳은 같아도 가는 길은 다르며 이루는 것은 하나[一]지만 생각은 백 가지이니 천하에 무엇을 생각하며 무엇을 염려하리오. 해가 지면 달이 뜨고 달이 지면 해가 뜨니, 해와 달이 서로 밀어 밝음이 생기며, 추위가 가면 더위가 오고 더위가 가면 추위가 와서 추위와 더위가 서로 밀어 한 해를 이루니, 가는 것은 굽히는 것이요 오는 것은 펴는 것이니 굽히고 펴는 것[屈伸]이 서로 감응(感應)하여 이(利)가 생기는 것이니라."

碧峙解

길흉(吉凶)과 천지의 도(道)와 일월의 도(道)는 오직 그 바름을 드러내는 것이라 천하에 유행하는 것은 바름[貞], 하나일 뿐이다. 공자(孔子)께서 이른다. "천하에 바름[貞], 하나가 올곧게 두렷하나니, 무엇을 생각할 것이며, 무엇을 염려할 것인가? 사람마다 가는 길이 달라도 그 돌아가는 바는 하나의 근원(根源)이다. 해지고 달뜨며, 더위 가면 추위 오고 번갈아 행하나니, 그 행은 굽히고 펴는 것[屈伸]을 벗어나지 아니한다. 굽히고 펴는 것[屈伸]이 곧 무위지행(無爲之行)이라, 지극한 도(道)가 이(利)롭게 함이 이 가운데 있느니라."

註

□ 곧음[貞]이란 칠정(七情)에 머물지 아니한다는 뜻이다.

□ 굴신(屈伸)은 폈다 오므리는 것이다. 천지(天地)의 조화(造化)도 이 굴신(屈伸)이요, 사생(死生)의 이치도 다만 이 굴신(屈伸)이요, 성인(聖人)의 만 가지 교화(敎化)와 규구(規矩)가 다 이 굴신(屈伸)이다. 그러나 굴신(屈伸)의 체(體)는 자성(自性)이라, 굴신

(屈伸)을 나투면서도 자성(自性)은 적연부동(寂然不動)이다. 굴신(屈伸)이면서 적연부동(寂然不動)이므로, 나투어도 나툰 바가 없는 것이다. 고로 범부의 자성(自性)이 곧 적연부동지(寂然不動智)인 것이다. 범부는 이 도리를 자증(自證)하여 스스로 아는 바가 아니므로 무위행(無爲行)에 참여하지 못하는 것이다.

안신후동장 安身後動章

子曰 君子安其身而後에야 動하며 易其心而後에야 語
자 왈 군 자 안 기 신 이 후 동 역 기 심 이 후 어
하며 定其交而後에야 求하나니 君子 脩此三者 故로 全
정 기 교 이 후 구 군 자 수 차 삼 자 고 전
也하나니 危以動하면 則民不與也코 懼以語하면 則民不
야 위 이 동 즉 민 불 여 야 구 이 어 즉 민 불
應也코 无交而求하면 則民不與也하나니 莫之與하면 則
응 야 무 교 이 구 즉 민 불 여 야 막 지 여 즉
傷之者至矣나니 易曰 莫益之라 或擊之리니 立心勿
상 지 자 지 의 역 왈 막 익 지 혹 격 지 립 심 물
恒이니 凶이라하니라.
항 흉

공자(孔子)께서 이른다. "군자(君子)가 그 진심(眞心)을 편안(便安)히 한 뒤에 동(動)하며, 그 진심(眞心)을 현현(顯現)한 뒤에야 말하며, 정심(定心)으로 행한 뒤에야 구하나니, 군자(君子)가 이 세 가지를 닦는 고로 온전하니라. 위태함[幻心]으로써 동(動)하면 곧 범부가 따르지 아니하고, 두려움[懼]으로써 말하면 곧 범부가 응(應)하지 아니하며, 행(行)함이 없이 구하면 곧 범부가 함께 하지 아니 하나니, 범부가 함께 하지 아니 하면 곧 중상(重傷)하는 자가 나타난다. 역(易)에 이르기를 "환심(幻心)을 더하지 말라 혹 칠 것이다. 마음[幻心]을 세워서 항상(恒常)하지 못함이니, 흉(凶)이라 하니라."

碧峙解

공자(孔子)께서 이른다. "군자는 진심(眞心)이 편안(便安)한 뒤에 천하에 참여하고, 그 진심(眞心)이 드러난 뒤에 도(道)를 말하며, 진심(眞心)이 정위(正位)에 있은 뒤에 도법(道法)을 구한다. 군자(君子)가 이 세 가지를 닦아 체득(體得)하는 고로 온전하게 되느니라. 위태로운 인심(人心)으로써 나아가면 범부가 응(應)하지 아니하고, 도행(道行)이 익지 않아 칠정(七情)의 두려움[懼]으로 교화하면 범부가 따르지 아니하며, 범부가 더불어 배우지 아니하면 사도(邪道)라고 헐뜯는 자가 나타난다. 역(易)에 이르기를 '공부(工夫)의 실력(實力)이 없으면서 더하지 말라! 인심(人心)을 세우면 항상하지 못하나니 이를 일러 흉(凶)이라 하느니라.' 하였다."

註

□ 안신이후동(安身而後動)은 군자가 진심(眞心)이 현전(現前)하여 거성(居誠)한 연후에 천하의 교화에 참여한다는 뜻이다.

□ 위이동칙민불여(危而動則民不與)는 덕혜술지(德惠術知)의 위태로운 인심(人心) 즉 칠정(七情)으로써 교화에 나아가면 범부가 배움에 순응(順應)하지 아니한다는 뜻이다.

□ 도자(道者)가 약간의 견처(見處)가 열리더라도 입을 열어 교화에 나서면 쉬 막히고, 밝지 못함의 두려움[懼]이 있어 범부가 따르지 아니하는 것이다. 탁연(卓然)히 밝은 연후에 교화에 나아가

야하는 것이다. 말세(末世)에 술지(術智)의 환사(幻師)들이 나타나 귀굴(鬼窟)의 말로써 자대자고(自大自高)한다. 이를 역(易)에 흉(凶)이라 하는 것이다.

繫辭撮要十目 終

문언촬요文言撮要

9章

원(元)은 슬기가 해맑음이요,
형(亨)은 슬기로 통(通)함이요,
이(利)는 슬기가 화(和)함이요,
정(貞)은 슬기가 드러남이다.
원(元)형(亨)이(利)정(貞)의
그 이름을 지우고
적연부동(寂然不動)으로
과거 현재 미래를 초월하여
홀로 드밝으면
방외(方外)의
무정도인(無情道人)이라 하니라.

원형이정장 元亨利貞章

元者는 善之長也요 亨者는 嘉之會也요 利者는 義之
원 자 선 지 장 야 형 자 가 지 회 야 이 자 의 지

和也요 貞者는 事之幹也니라
화 야 정 자 사 지 간 야

으뜸[元]이란 슬기[智慧]로 이끄는 것이요, 통한다[亨]는 것은 슬기가 그윽한 것이요, 이롭다[利]는 것은 슬기가 화합(和合)하는 것이요, 곧다[貞]는 것은 슬기의 사(事)가 한 줄기[一本]인 것이다.

碧峙解

원(元)이란 슬기[智慧]가 우뚝한 것이요, 형(亨)이란 그윽한 슬기로 통(通)하는 것이요, 이(利)란 슬기를 드러내어 화(和)한 것이요, 정(貞)은 슬기의 사(事)가 곧 도(道)임을 가리킨다.

註

ㅁ 원(元)은 천연(天然)의 슬기가 우뚝함이요, 형(亨)은 천연의 슬기가 사무사(思無邪)에 거님이요, 이(利)란 천연(天然)의 슬기가 일용(日用)에 화(和)함이며, 정(貞)은 천연(天然)의 슬기가 일이관지(一以貫之)함이다. 고로 원형이정(元亨利貞)이란 성(性)을

밝힘과 거성(居誠)과 깨우쳐 일으킴과 일마다 슬기가 그윽함을 이르는 것이다. 계사(繫辭)에 괘(卦)를 베풀어 정(情)의 거짓[僞]을 밝혀 불변의 말씀을 세우는 것이 바로 성인(聖人)의 본지(本旨)이다.

군자체인장 君子體仁章

君子體仁이 足以長人이며 嘉會는 足以合禮며 利物이 足以和義며 貞固 足以幹事니 君子行此四德者라 故로 曰 乾 元亨利貞이라
군자체인 족이장인 가회 족이합례 이물 족이화의 정고 족이간사 군자행차사덕자 고 왈 건 원형리정

군자(君子)는 인(仁)을 체득(體得)하여 사람을 인(仁)에 이끌고, 슬기를 그윽하게 하여 예(禮)에 합하며, 마음[性]을 밝혀 올곧게 청화(淸和)하고, 끋고[貞] 견고[固]하여 일마다 한 줄기[一本]가 된다. 군자는 네 가지 덕을 행하는 사람이다. 그러므로 건괘(乾卦) 괘사(卦辭)에 으뜸[元]이며, 통[亨]하며, 이롭고[利], 끋다[貞]고 하니라.

碧峙解

군자는 인(仁)을 체득(體得)하여 인(仁)을 나투며, 슬기가 두렷하여 예(禮)에 합하며, 성(性)에 드밝아 올곧게 청화(淸和)하고, 슬기가 곧고 견고(堅固)하여 일마다 일이관지(一以貫之)하는 것이다. 군자는 이 사덕(四德)을 행한다. 그러므로 사무사(思無邪)의 도(道)는 으뜸[元]이며, 통[亨]하며, 이롭고[利], 곧다[貞]고 하느니라.

註

ㅁ 체인(體仁)이란 인(仁)을 체득(體得)하는 것이니, 자성(自性)이 현전(現前)함을 체득(體得)하는 것이다. 자성(自性)을 체득(體得)한 이를 군자(君子)라 한다.

ㅁ 가회(嘉會)란 슬기가 두렷하여 그 행(行)에 예(禮)가 따르나니, 고로 예(禮)에 절로 합하므로 지례(至禮)라 이른다. 지례(至禮)는 곧 무위(無爲)의 행(行)이다.

ㅁ 이물(利物)이란 칠정(七情)이 환몽(幻夢)임을 깨우치매, 칠정(七情)이 자성(自性)과 한 몸인 도리(道理)를 남에게 넓혀지는 노정(路程)을 이르는 말이다. 부득이(不得已) 한 몸이라 이르나 본래(本來)로 두 물건이 아니다. 두 물건이 아닌 까닭은 자성(自性)이 현전(現前)하면 절로 알게 된다. 고로 이물(利物)이란 범부에게 자성(自性)이 자족(自足)한 이치가 밝혀져 남에게 넓혀지는 대효용(大效用)이므로 이(利)라고 하는 것이다.

ㅁ 정고(貞固)는 곧음[貞]이 굳음[固]이니, 명성(明性)이후 성성(惺惺)의 성(誠)에 나아간 부동불변(不動不變)의 경지(境地)를 가리키는 말이다.

종일건건장 終日乾乾章

君子終日乾乾 夕惕若 厲无咎는 何謂也오 子曰 君
군 자 종 일 건 건 석 척 약 려 무 구 하 위 야 자 왈 군

子進德脩業하나니 忠信所以進德也오 脩辭立其誠이
자 진 덕 수 업 충 신 소 이 진 덕 야 수 사 입 기 성

所以居業也라 知至至之라 可與幾也며 知終終之라
소 이 거 업 야 지 지 지 지 가 여 기 야 지 종 종 지

可與存義也니 是故로 居上位而不驕하며 在下位而
가 여 존 의 야 시 고 거 상 위 이 불 교 재 하 위 이

不憂하나니 故로 乾乾하여 因其時而惕하면 雖危나 无咎
불 우 고 건 건 인 기 시 이 척 수 위 무 구

矣니라.
의

문인(門人)이 여쭌다. "군자(君子)가 종일토록 해맑고 의젓한 모습[乾乾]이면 저녁까지 근심하여도 허물이 없다 함은 무엇을 이르는 것입니까?" 공자(孔子)께서 이르신다. "군자는 덕(德)에 나아가 도업(道業)을 닦으니 충(忠)과 신(信)은 덕(德)에 나아가기 위함이요, [성인(聖人)의] 말을 닦고 성무위(誠無爲)에 서는 것은 도업(道業)에 있기 위함이니라. 이를 데를 알아 이르는 것[知至至之]은 함께 기미(機微)를 말할 수 있고, 마칠 때를 알아 마치는 것[知終終之]은 함께 의(義)를 보존할 수 있니라. 이러므로, 윗자리에 있어서는 교만하지 않고, 아랫자리에 있어서는 근심하지 않느니라. 그러므로 해맑고 의젓하여[乾乾] 그 때를 따라 걱

정하면 비록 위태하나 허물이 없는 것이니라."

碧峙解

문인(門人)이 여쭌다. "군자가 종일 성성(惺惺)하면 저녁까지 근심하여도 허물이 없다 함은 무슨 뜻입니까?" 공자(孔子)께서 이르신다. "군자는 덕(德)에 나아가 도업(道業)을 닦으니 충신은 덕(德)에 나아가기 위함이요, [聖人의] 말씀을 닦고 성무위(誠無爲)에 서는 것은 도업(道業)에 있기 위함이니라. 이를 데를 알아 이르는 것[知至至之]은 자성(自性)의 기미(機微)를 말하고, 마칠 때를 알아 마치는 것[知終終之]은 자성(自性)의 의(義)를 보존하니라. 이러하므로 교만하거나 근심하지 않느니라. 그러므로 성성(惺惺)하면 그 때를 따라 걱정을 두나 허물이 없는 것이니라."

註

ㅁ 건건(乾乾)이란 성성(惺惺)한 것이다. 성성(惺惺)은 무념(無念)이 무간(無間)임을 의미한다. 입성(入誠)하여 휴휴공부(休休工夫)에 들어야 그 뜻을 참다이 알 수 있다. 건건(乾乾)은 허공과 같아서 만유(萬有)를 포용(包容)하되 비어서 흔적(痕迹)이 없다. 허공(虛空)에 비바람과 천둥번개가 우짖을 때에도 허공(虛空)은 고요하여 건건(乾乾)한 것이다. 건건(乾乾)은 드높고 드밝은 경지이다. 지지지지(知至至之)는 이를 데를 알아 이르는 것이니, 곧 무위지행(無爲之行)이다. 지지(知至)는 개오지견(開悟知見)이요,

지지(至之)는 무심(無心)이 익어가는 공부이다.

ㅁ 지종종지(知終終之)는 마칠 때를 알아 마치는 것은 다만 기미(機微)를 거두는 것이라, 유위(有爲)의 마침이 아니니다. 진심(眞心)은 허공 같아서 시종(始終)이 있지 아니하다.

수위무구(雖危無咎)는 위태하나 허물이 없음이다. 무위(無爲)에 입문(入門)하여 성성(惺惺)에 나아가 거처하기 때문이다.

약연무구장 躍淵無咎章

或躍在淵 无咎는 何謂也오 子曰 上下无常이 非爲
혹 약 재 연 무 구 하 위 야 자 왈 상 하 무 상 비 위

邪也며 進退无恒이 非離羣也라 君子進德脩業은 欲
사 야 진 퇴 무 항 비 리 군 야 군 자 진 덕 수 업 욕

及時也니 故로 无咎니라.
급 시 야 고 무 구

문인(門人)이 여쭌다. "고기가 못에서 뛰논다[躍淵]하는 도리에 허물이 없다 함은 무엇을 이르는 것입니까?"

공자(孔子)께서 이르신다. "아래 위가 일정(一定)하지 않음이 삿됨[邪]이 아니요, 나아가고 물러남이 항상(恒常)하지 않으나 군중(群衆)에서 떠나는 것이 아니다. 군자(君子)가 덕(德)에 나아가서 종심(從心)하려는 것은, 때에 맞고자 하는 것이다. 그러므로 허물이 없다."

碧峙解

연비어약(鳶飛魚躍)에 대해 공자(孔子)께서 이르신다. "연비어약(鳶飛魚躍)의 도리(道理)란 아래 위의 작용이 일정하지 않아도 삿됨이 아니요, 나아가고 물러남이 항상하지 않더라도 진심(眞心)과 만물(萬物)의 도리(道理)에서 벗어나는 것이 아니다. 군자

가 덕(德)에 나아가서 종심(從心)하려는 것은 때에 맞지 아니함이 없고자하므로, 곧 도(道)를 어기지 않는 것이다. 그러므로 허물이 없다고 한다."

註

□ 약연무구(躍淵無垢)는 시경(詩經)의 허공에 솔개가 날고, 못에 고기가 뛰어 노누나![鳶飛唳天 魚躍于淵] 함에 공자(孔子)께서 "그 도리에 허물이 없느니라.[無垢]"라고 평(評)하신 것이다. 연비어약(鳶飛魚躍)의 도리(道理)란 오직 진심(眞心)으로 거님이라, 칠정(七情)에 머묾이 없는 것이다. 그러므로 마음에 칠정의 때[垢]가 없으므로 무구(無垢)라 한 것이다. 때[垢]의 내용은 다만 환(幻)이다. 학자가 능히 진심(眞心)을 자증(自證)하고, 환심(幻心)의 내용을 알아서, 적확(的確)하게 설명할 수 있어야, 도(道)에 소요(逍遙)하는 이라 할 수 있다. 연비어약(鳶飛魚躍)을 중용(中庸)에 인용한 것은, 저 여덟 글자로 도(道)의 체용(體用)을 적적(的的)히 드러내는 것이기 때문이다. 공자께서 상인(上人)에게 드물게 보이신 상어(上語)이다. 噫!

□ 연비여천어약우연(鳶飛唳天魚躍于淵, [허공에 솔개가 날고, 못에 고기가 뛰노누나.])과 어행수탁조비모락(魚行水濁鳥飛毛落, [고기가 가니 물이 흐려지고, 새가 나니 깃털이 떨어진다.])의 소식(消息)이 하나로 통(通)하여 서로 허물이 없음을 볼 수 있어야 소견(所見)이 바름에 든 것이다. 앞의 이제(二題)는 칠정(七情)의 미혹(迷惑)

을 벗은 경지(境地)를 읊은 것이다.

□ 무정자무구(無情者無咎)는 칠정(七情)이 없으면 허물이 없다는 말씀이니, 개오(開悟)이후에 이 뜻을 참다이 알 수 있다. 진덕무구(進德無垢)란 자성(自性)이 현현(顯現)한 연후의 일이다. 명성(明性)하면 무구(無垢)를 통연명백(洞然明白)하게 안다. 哂!

순수정미장 純粹精微章

乾元者는 始而亨者也요 利貞者는 性情也라 乾始能以美利로 利天下라. 不言所利하니 大矣哉라 大哉라 乾乎여 剛健中正하며 純粹精也니라
건원자 시이형자야 리정자 성정야 건시능 이미리 리천하 불언소리 대의재 대재 건호 강건중정 순수정야

건(乾)의 원(元)이란 처음을 두어 운행하여 천하만사에 형통(亨通)하는 것[誠心無爲]이요, 이(利)와 정(貞)이란 것은 성(性)과 정(情)이다. 건시(乾始)란 것은 아름다운 도리(道理)로써 천하를 이롭게 한다는 것이다. [이롭게 하고도] 이롭게 함을 말하지 않으니, 크도다! 크도다! 건(乾, [性])이여! 두렷이 바르며[剛健中正] 순수정미(純粹精微)하도다.

碧峙解

건원(乾元)이란 자성(自性)을 밝혀 천하만사에 무위(無爲)로 형통(亨通)하는 것이요, 이(利)와 정(貞)이란 자성(自性)과 칠정(七情)을 의미한다. 건시(乾始)란 무정(無情)의 아름다운 도리(道理)로써 천하를 이(利)롭게 하는 것이다. [利를 펴고도] 이롭게 함을 세우지 않으니, 크도다! 크도다! 건(乾)이여! 두렷이 바르며 순수(純粹)하고 정미(精微)하도다.

註

□ 이(利)란 칠정(七情)의 체(體)를 밝히 알아 여읨이요, 정(貞)이란 곧음이니, 자성(自性)을 밝혀 칠정(七情)의 체(體)를 밝히 알아 무정(無情)으로 행(行)함이다. 이 행(行)을 일러 무위(無爲)라 한다. 무위(無爲)의 내용에 칠정(七情)이 없는 고로 무사(無思)라 하고, 사무사(思無邪)라 이르는 것이다.

□ 강건중정(剛健中正)이란 자성(自性)의 체(體)를 설명한 말이다. 자성(自性)은 불변(不變)이며 부동(不動)이다. 그러므로 강건중정(剛健中正)이라 이름 지어 부르는 것이다. 자성(自性)은 과거 현재 미래를 초월하여 상주(常住)한다. 자성(自性)은 영생(永生)하여 불멸(不滅)이다. 고로 성인(聖人)이 두렷이 바르다고 하는 것이다.

□ 순수정미(純粹精微)란 자성(自性)의 체(體)가 무상(無相), 무명(無名), 무명(無明), 무색(無色), 무주(無住), 무위(無爲)함이 본래(本來)로 그러하여 때 묻지 않음을 이른 것이다. 撮要四章에서 진덕무구(進德無垢)를 설명함은 자성(自性)의 체(體)가 순수정미(純粹精微)하기 때문이다.

□ 자성(自性)의 실상(實相)은 현묘(玄妙)한 광명(光明)이 항상하게 두렷할 뿐, 다른 일은 있지 아니하다. 현묘광명(玄妙光明)의 내용을 설명함에 강건중정(剛健中正)과 순수정미(純粹精微)의 해설이 따르는 것이다. 아무 것도 없이 드밝은 빛만이 있음을 본

다면, 절로 말이 끊어지고, 그 행(行)이 빛이 되는 것이다. **오직 광명(光明)이므로 자성(自性)의 이름이 강명(强名)인줄 알 수 있는 것이다. 이러저러** 잔소리가 많았다. 咄!

군자덕행장 君子德行章

君子以成德行하나니 日可見之行也라 潛之爲言也
군 자 이 성 덕 행 일 가 견 지 행 야 잠 지 위 언 야

는 隱而未見하며 行而未成이라 是以君子弗用也하나니
은 이 미 견 행 이 미 성 시 이 군 자 불 용 야

라君子學以聚之하고 問以辨之하며 寬以居之하고 仁
군 자 학 이 취 지 문 이 변 지 관 이 거 지 인

以行之하나니라
이 행 지

군자(君子)는 덕(德)을 이루어 인(仁)을 행(行)하나니, 날마다 성(性)으로 함이 없이 행하는 것을 보는 것이다. 잠복(潛伏)하여 있다는 말은 성(性)이 인심(人心,七情)에 가려져 있어서 아직 보지 못하는 것이요. 수행(修行)하여도 아직 덕(德)을 이루지 못하였으므로 군자가 그 인(仁)을 쓰지 못하는 것이다. 군자는 공부에 힘 다해 그 정수(精髓)를 배우고, 스승에게 여쭈어서 정해(正解)하고, 너그러이 거처(居處)하며, 필경(畢竟)에 인(仁)으로 행하는 것이다.

碧峙解

군자(君子)는 성(性)을 밝히어 인(仁)을 행하여, 날마다 함이 없이[無爲] 도(道)를 쓰고자 하는 것이다. 숨어 있다는 것은 자성

(自性)이 칠정(七情)에 가려져 아직 밝지 못한 것이요. 수행하여도 아직 밝지 못하므로, 군자가 인(仁)을 행할 수 없는 것이다. 군자는 공부에 힘 다해 그 정수(精髓)를 배우고, 스승에게 여쭈어서 옆길을 버리며, 망세(忘世)하고 또 좌망(坐忘)하여 올올(兀兀)히 반조(返照)하면, 필경(畢竟)에 인(仁)을 자득(自得)하여 행(行)하게 되는 것이다.

註

ㅁ 군자성덕행(君子成德行)이란 군자가 힘 다해 진심(眞心)의 정수(精髓)를 배우고, 정해(正解)하고, 관거(寬居)하여 마침내 덕(德)을 이루어 인(仁)에 나아가는 것이다. 정해(正解)란 명성(明性)의 효용(效用)을 앎이요, 관거(寬居)는 칠정(七情)을 쉬고 또 쉬는 것이요, 인(仁)이란 청정광명(淸淨光明)의 천연행(天然行)이다.

ㅁ 미견불행(未見不行)이란 비록 깊은 노력이 있으나 덕혜술지(德惠術知)에 머무는지라, 인(仁)하지 못한 것을 이른다. 그러하여 입을 열면 그르치는 바가 크게 되어, 남의 안목(眼目)에 해(害)를 끼치므로 잠언(潛言)이라 한다.

ㅁ 말세(末世)에는 약간(若干)의 측지(測知)로써 지혜(智慧)를 삼는 무리가 세상의 스승노릇을 한다. 이들은 공자(孔子)의 현로(玄露)를 곡해(曲解)하여 대도(大道)를 방해하는 무리이나, 범부의 대개가 모습을 따라 칠정(七情)에 거처하므로 그 물결을 바꾸

기 어렵다.

그러므로 지금 세상의 지현자(知玄者)는 세상의 일우(一隅)에 공지(孔旨)를 밝혀 두는 것으로써 뒷사람을 기약(旣約)하는 것을 상선(上善)으로 여길 따름인 것이다.

존망기정장 存亡其正章

夫大人者는 與天地合其德하며 與日月合其明하며 與
부 대 인 자 여 천 지 합 기 덕 여 일 월 합 기 명 여

四時合其序하며 與鬼神合其吉凶하여 先天而天弗
사 시 합 기 서 여 귀 신 합 기 길 흉 선 천 이 천 불

違하며 後天而奉天時하나니 天且弗違는 而況於人乎
위 후 천 이 봉 천 시 천 차 불 위 이 황 어 인 호

며 況於鬼神乎아 唯聖人乎아 知進退存亡而不失其
황 어 귀 신 호 유 성 인 호 지 진 퇴 존 망 이 부 실 기

正者 其唯聖人乎인저
정 자 기 유 성 인 호

대저(大抵) 대인(大人)은 천지(天地)와 그 덕(德)이 합(合)하고, 일월(日月)과 그 밝음이 합(合)하며, 사시(四時)의 질서(秩序)와 합(合)하고, 귀신(鬼神)과 길흉(吉凶)이 합(合)하며, 허공(虛空)보다 앞서나 허공(虛空)을 어기지 아니하고, 허공(虛空)보다 뒤에 있어도 천시(天時)를 받든다. 허공(虛空)도 또한 어기지 못하거든 하물며 사람이겠느냐? 하물며 귀신(鬼神)이겠느냐?

오직 성인(聖人)이라야 나아가는 것과 물러나는 것[進退], 삶과 죽음[存亡]을 알면서 그 바름을 잃지 않음이라, 오직 성인(聖人)이 그러하도다!

碧峙解

대저 대인(大人)은 천지(天地)와 한 몸이요, 그 밝음이 일월과 다르지 않으며, 사시(四時)에 한거(閑居)하며, 무형무색(無形無色)하므로 허공을 어기지 아니한다. 오직 사무사(思無邪)로써 일이관지(一以貫之)하면 진퇴(進退)와 사생(死生)의 이(理)를 알고, 그 밖에서 그 바름을 쓰나니라.

註

ㅁ 천덕일명(天德日明)이란 자성(自性)의 덕(德)이 허공(虛空)과 같아 그 수(壽)가 가이 없고, 그 청정(淸淨)한 광명(光明)은 일월(日月)과 다르지 아니함을 비유한 것이다. 자성(自性)은 본래(本來)로 청정각명(淸淨覺明)이라, 변(變)함이 없이 상재(常在)하므로 천덕일명(天德日明)이라 하는 것이다.

ㅁ 사무사(思無邪)는 자성(自性) 즉 청정각명(淸淨覺明)의 본원(本源)의 내용이다. 도(道)를 밝힘이란 진심(眞心)의 본래(本來)를 회복(回復)함일 따름이요, 진심(眞心)에는 본래로 칠정(七情)이 있지 아니하다.

칠정(七情)이란 욕망(欲望)에 실낙(失落)하여 집착(執着)하는 착식(錯識)일 따름이다. 착식(錯識)을 여의면 진심(眞心)이 드러나는 것이다.

ㅁ 일이관지(一以貫之)란 자성(自性)의 광명(光明)으로 육합(六合)의 내외(內外)에 소요(逍遙)하는 것이다. 이 거님을 청정(淸淨)이

라하며 또 무심소요(無心逍遙)라 한다. 오직 인자(仁者)만이 일이관지(一以貫之) 하는 것이다.

인자(仁者)는 다만 무심(無心)하여 마음 쉬는 것만 논(論)할 뿐, 다른 공부(工夫)가 있는 것이 아니다.

다른 공부(工夫)를 열거(列擧)하여 논리(論理)를 세우는 것은 소인(小人)과 아해(兒孩)들의 소꿉장난에 비유할 수 있겠다.

경의직방장 敬義直方章

直은 其正也요 方은 其義也니 君子는 敬以直內하고 義以方外하니라 敬義立而德不孤하나니 直方은 大하여 不習이라 无不利니 則不疑其所行也라.

곧다는[直] 것은 자성(自性)이 온전히 밝음이요, 반듯하다[方]는 것은 자성(自性)이 칠정(七情)에 머무는 바 없이 드러남이다. 군자는 경(敬, [反之])으로 자성(自性)에 계합(契合)하고, 자성(自性)의 적연의(寂然義, [寂然不動智])로서 작용(作用)에 반드시 하니라.

경(敬)과 의(義)가 하나로 서면, 덕(德)이 우뚝하다. 자성(自性)이 곧음[直]을 얻어, 자성(自性)이 반듯 드러남은 본연(本然)의 도(道)라 크다[大]고 하며, 학습(學習)하지 않아도 이(利)롭지 않음이 없나니, 자성(自性)의 있는 그대로 행(行)하는 도(道)를 의심(疑心)할 바가 없다.

碧峙解

곧다[直]는 것은 자성(自性)에 칠정(七情)의 가림이 없는 것이요, 반듯하다[方]는 것은 작용함에 자성(自性)이 온전하게 드러나는 것이다. 군자(君子)는 경(敬)으로 수행하여 필경(畢竟)에 자성(自性)에 드밝게 계합(契合)하려 한다. 그리하여 자성(自性)의 천연지(天然智)로써 일상(日常)에 칠정(七情)의 그림자 없이 소요(逍遙)하고자 하는 것이다. 군자(君子)가 경(敬)으로 자성(自性)을 밝히고 의(義)로써 일용(日用)하면 성성(惺惺)하여 덕(德)이 허공(虛空)과 같아지게 되는 것이다.

만약 진심(眞心)이 드러나서 칠정(七情)이 본래(本來)로 있지 아니함을 확인(確認)하면, 성인(聖人)의 말씀을 속속들이 통해(通解)하게 되어 그 은혜로움을 깊히 새기게 되는 것이다. 그리고 뒷사람을 위해 무명(無名)에 거처하며, 그 때를 기다려 대도(大道)를 넓히는 것이다. 자성(自性)을 밝힌 이는 세상(世上) 속에서 세상(世上) 밖을 소요(逍遙)하므로 크다[大]고 하는 것이다

註

ㅁ 순성지심(純性之心)으로 일용(日用)하므로 곧다[直]고 하는 것이다. 순성지심(純性之心)의 곧음[直]을 일용(日用)의 모든 처소(處所)에 반듯하게 나투므로 방[方]이라 한다.

ㅁ 내(內)는 자성(自性)의 체(體)를 가리키고, 외(外)는 자성(自性)의 작용(作用)을 가리킨다.

ㅁ 불습(不習)은 불습지(不習知)를 이른다. 곧 자성(自性)의 양지(良知), 즉 무연(無緣)의 지(知)를 뜻한다. 자성(自性)의 본지(本知)는 배워서 익히는 학습(學習)의 지(知)가 아니요, 본원(本源)의 대

력청정(大力淸淨)의 지(知)라, 저절로 갖춘 지(知)이니, 곧 청정본원지(淸淨本源知)이다. 맹자(孟子)는 양지(良知)라 하였다. 자성(自性)의 본지(本知)는 불습(不習)의 지(知)인 것이다.

ㅁ 중용(中庸)에 자성(自性)의 묘향(妙香)을 설한다. "자성(自性)은 불현이장(不見而章)하며 불면이중(不勉而中)하며 무위이성(無爲而成)이니라"하였다. 그 뜻을 본다.

"자성(自性)은 드러내려 않아도 드러나 있으며, 애쓰지 않아도 자성(自性) 가운데 있으며, 그 작용은 함이 없이[無爲] 이루니라."

자성(自性)은 학습(學習)하여 고치거나 더하는 것이 아니다. 다만 착식(錯識)의 칠정(七情)을 쉬면 본연(本然)의 자성(自性)이 나타나는 것이다. 고로 성인(聖人)이 도(道)란 자성(自性)을 회복(回復)하는 것이라 하시는 것이다.

ㅁ 덕불고(德不孤)란 자성(自性)을 밝히면 덕(德)이 우뚝하여 천지와 한 몸이라는 뜻이다. 자성의 덕이 삼라만상을 담아 포용하고 만사를 나투는 것이다. 일념(一念)의 탄토(呑吐)에 걸림이 없으므로 불고(不孤)라 하는 것이다. 군자는 사해가 형제거늘 어찌 세속(世俗)의 고(孤)가 따르겠는가?

ㅁ 경이직내(敬以直內)의 공부가 아니면 자성(自性)을 밝혀 대도(大道)에 거닐기 어렵다. 경이직내(敬以直內)란 잡념(雜念)의 산란(散亂)을 쉬어 자성(自性)을 반지(反之)하는 것이다. 누가 경이직

내(敬以直內)의 공부를 거치지 아니하고 대도(大道)를 밝힐 수 있으리오. 의이방외(義以方外)는 자성(自性)을 밝힌 연후에 저절로 따르는 방외(方外)의 경지(境地)이다.

황중통리장 黃中通理章

君子黃中通理하여 正位居體하나니 美在其中而暢
군 자 황 중 통 리 정 위 거 체 미 재 기 중 이 창

於四肢하며 發於事業하나니 美之至也라
어 사 지 발 어 사 업 미 지 지 야

군자(君子)는 자성(自性,黃庭)의 도리(道理)에 통(通)하여 정위(正位)에 진신(眞身)을 둔다. 진신(眞身)의 모습 없는 아름다움이 일용행사[事業]에 나타나나니, 그 무위(無爲)의 아름다움이 지극(至極)한 것이다.

碧峙解

군자(君子)는 자성(自性)을 밝힌 대현달사(大賢達士)이다. 그러므로 만사(萬事)에 자성(自性)의 정명(正明)으로 행하므로 정위(正位)에 거처하는 것이다. 정위(正位)에 거처하므로 통리(通理)라 하며, 일용(日用)에 진심(眞心)을 나투므로 진신(眞身)이라 하는 것이다. 자성(自性)이 곧 진신(眞身)이다. 고로 진신(眞身)을 나투므로 무위(無爲)의 아름다움이 지극(至極)하다고 하는 것이다.

註

□ 황중(黃中)은 전성(全性)을 뜻한다. 내경(內徑)에 황정(黃精) 혹

은 황정(黃庭)이라 하였다. 정위거체(正位居體)란 전성(全性)으로 무위(無爲)를 행하는 것이다. 사업(事業)이란 장부(丈夫)의 도행(道行)을 이른다.

文言撮要 終

소왕심설素王心說

36章

범부의 진심(眞心)은
찾으면 숨으나
물리쳐도 없지 않나니
적연부동처(寂然不動處)라
무사(無思)의 대용(大用)이라
소리 없는 데서 듣고
모습 없는 데서 보니라.
범부의 진심(眞心) 가운데
공자(孔子)의 진면목(眞面目)이
수연(粹然)히 비치니라.

소왕심설서素王心說序

선설(先說)이 공문(孔門)의 정로(正路)를 가린 지 오래이다. 잡설(雜說)이 산을 이루어 오늘에 유(儒)를 배우는 이가 참되고자 하나 그 뜻을 이루기가 어렵다. 유가(儒家)는 오직 명성(明性)이 근본목표이며, 칠정(七情)의 지(止)로써 문(門)을 삼는다. 칠정(七情)이 삿된 줄 알지 못하여 범부는 칠정(七情)으로 사유(思惟)하여 인생을 그린다. 요순(堯舜)이 칠정(七情)의 인심(人心)이 위태(危殆)하다고한 까닭은 칠정(七情)의 내용이 몽환(夢幻)인 까닭이다. 공자(孔子)께서 정(情)을 위(僞)라 하심도, 범부가 정(情)을 진심(眞心)으로 여기고 살아가는 바를 걱정하신 것이다. 칠정(七情)은 다만 범부가 학습한 의식으로 나타난 허상(虛想)인 것이다. 허상인줄 알지 못하기에 그 이름이 범부인 것이다. 범부의 심성(心性)은 성인(聖人)과 다르지 아니하나 다만 정(情)의 착식(錯識)이 오래된 문제이다.

그런 까닭에 공자(孔子)께서 범부의 자성(自性)이 본래(本來)로 적연부동(寂然不動)이라 하시고, 또한 일용이부지(日用而不知)라 한 것이다. 유(儒)를 배우는 이는 오로지 수사선도(守死善道)의 대지(大志)로써 명성(明性)을 목표하여 경(敬)으로 반지(反之)해야 하는 것이다. 이를 어기면 공자(孔子)의 본지(本旨)를 만날 수 없다. 육합(六合)의 벗들이 공자(孔子)의 료간(了簡)을 불해(不解)하므로, 소왕노수심설(素王魯叟心說)을 절저(竊著)하였다. 위의 낙어(落語)으로서 서(序)를 삼는다.

忘世寂隱天에서 碧峙病叟

무성무취장 無聲無臭章

자성(自性)은 소리 없고 냄새 없다

詩云 上天之載는 無聲無臭아
시 운 상 천 지 재 무 성 무 취 (中庸末句, 詩經 大雅文王)

사경(詩經)에 이른다. "상천(上天)은 소리도 없고 냄새도 없다."

碧峙解

상천(上天)이란 자성(自性)이다. 자성(自性)은 소리 없고 냄새 없고 빛깔도 없으며, 자취 없고 적연부동(寂然不動)이다. 그러므로 동정(動靜)에 항상히 적연부동(寂然不動)이다. 범부가 정념(情念)에 미혹하여 자성(自性)의 내용을 밝히 알지 못하는 것이다. 만약 아는 이가 넓혀졌다면 안회(顔回)가 죽은 뒤, 공자(孔子)께서 그렇게 슬퍼하였겠는가?

공자(孔子)께서 자성(自性)을 설명함에'적연부동(寂然不動) 감이수통천하지고(感而遂通天下之故)라'하였으나, 공자의 가르침에 계합(契合)한 이가 드문 것은 범부가 칠정(七情)의 노예(奴隷)로 인생(人生)을 사는 까닭이다. 적연부동감이수통천하지고(寂然不動感而遂通天下之故)란 자성(自性)은 본래로 체용(體用)간에 무시무종(無始無終)으로 불변(不變)하여 적연부동(寂然不動)하다란 뜻이다. 범부는 세상만사(世上萬事)에 칠정(七情)의 세욕(世欲)으로 보고 듣고 판단하기에 적연부동(寂然不動)이란 공자(孔子)의 말씀을 긍정(肯定)하기 어려운 것이다. 긍정(肯定)하지 못하고 억설(臆說)을 주장하므로 범부라 부르는 것이다.

견호백호장 堅乎白乎章

단단하고 희다고 할 수 있다

子曰 不曰堅乎아 磨而不磷이니라 不曰白乎아 涅而不緇니라
자 왈 불 왈 견 호 마 이 불 린 불 왈 백 호 열 이 불 치

(論語 陽貨)

磷 : 얇을 린 涅 : 검을 날

공자(孔子)께서 말씀하였다. "자성(自性)은 단단하다고 말할 수 있지 않겠는가! 갈아도 얇아지지 않나니, 희다고 말할 수 있지 않겠는가! 검정 물을 들여도 검어지지 않나니."

碧峙解

자성(自性)은 모습 없고, 불변(不變)이며, 무성무취(無聲無臭)하며, 본무칠정(本無七情)이며, 담연공적(淡然空寂)하여 적연부동(寂然不動)이다. 허공(虛空) 역시 그러하므로 공자께서 자성(自性)을 허공(虛空)에 비유하여 천하언재(天何言哉)!라 하였던 것이다.

자성(自性)을 설명함에 '천하언재(天何言哉)!' 등으로 허공(虛空)에 비유하나, 허공(虛空)은 소소영영(昭昭靈靈)의 영지(靈知)가 없는 허물이 있다. 허공(虛空)은 다만 제일의 비유처(比喩處)일 따

름이다. 천(天)은 허공(虛空)으로 읽어야 공자(孔子)의 뜻을 볼 수 있다. 논어(論語) 양화(陽貨)에 나타난 공자(孔子)의 견백론(堅白論)은 자성(自性)의 무형(無形)과 불변(不變)을 비유(比喩)로써 설명(說明)한 것이다.

부동무위장 不動無爲章

자성(自性)은 부동(不動)이며 무위(無爲)이다

中庸云 (性者는)不見[現]而章하며 不動而變하며 無爲而成이니라
중용운 불현 이장 부동이변 무위이성

중용(中庸)에 이른다. "자성(自性)은 나타내려하지 않아도 드러나 있으며, 적연부동(寂然不動)이면서 변화(變化)를 나투고, 함이 없이[無爲로] 만사(萬事)를 이룬다."

碧峙解

불현이장(不見而章)의 장(章)은 '드러내다'는 뜻이다. 자성(自性)은 모습이 없는 까닭에 볼 수 없으나, 항상히 드러나 있으며, 만사(萬事)에 통응(通應)하나 범부가 스스로 알지 못하는 것이다.

부동이변(不動而變)이란 자성(自性)이 적연부동(寂然不動)이면서 변화(變化)를 나투고, 변화(變化)를 보이는 가운데서도 적연부동(寂然不動)이라는 뜻이다. 여기서 변(變)은 작용(作用)과 불변(不變)의 의미를 함께 갖추고 있다. 세재(世才)의 견문(見聞)으

로는 혼란(混亂)스러울지나 실(實)이 그러하다. 범부는 정견(情見)이 두터이 자리한지라, 통해(通解)가 어려운 것이다. 공자(孔子)가 사실(事實)을 사실(事實)대로 말씀하였으나, 범부의 정견(情見)으로 헤아리면 실다이 통해(通解)하지 못하는 것이다.

무위이성(無爲而成)이란 함이 없이 이룬다는 뜻이다. 무위(無爲)가 심학(心學)에서 가장 어려운 말이다. 속사(俗士)들은 "인위적(人爲的) 조작(造作)이 없는 행위(行爲)"로 푸는 것이 대개의 사정(事情)이다. 무위이성(無爲而成)이란 성인(聖人)은 칠정(七情)이 없으므로, 칠정(七情)의 함이 없이 만사(萬事)에 응하여 이룬다는 뜻이다. 그러므로 자성(自性)은 칠정(七情)에 머물지 아니한다고 이르며, 칠정(七情) 없이 만사에 상응(相應)하며 시공(時空)과 시종(始終)을 초월(超越)한 존재(存在)란 뜻이다.

범부의 세상은 칠정(七情)으로 교류하고, 칠정(七情)으로 문학(文學)과 예술(藝術)에 서성거리며, 칠정(七情)으로 인생(人生)을 꾸리고, 칠정(七情)의 찌꺼기를 남겨 역사(歷史)의 흔적(痕迹)으로 삼는다. 고로 범부의 세상은 칠정(七情)의 세상인 것이다. 만약 공자(孔子)의 말씀을 배우고 믿어서, 정견(情見)을 쉬어 놓아버리고 세상을 관조(觀照)한다면, 공자(孔子)의 말씀을 이해하게 되는 때가 있으리라. 맹견(盲見)을 세워 공자(孔子)는 공자(孔子)고 나는 나다 라고 한다면, 참다이 바른 인생을 살고자하는 뜻이 없는 사람일 뿐이다.

정견(情見)은 늘 변하지 아니하던가? 정견(情見) 속에서 정견(情見)을 부리거나 부림을 당하며 살 건만, 속재(俗才)들은 지난 세월(歲月)의 정견(情見)이 다 어디로 갔는지 자세(仔細)히 알지 못한다. 알지라! 정견(情見)은 그림자요, 메아리요, 몽환(夢幻)일 따름이다.

연비어약장鳶飛魚躍章

솔개 날고, 고기 노니누나

詩云 鳶飛戾天하고 魚躍于淵이라
시운 연비여천 어약우연

(中庸12, 詩經大雅篇)

戾 : 가물 한　麓 : 산기슭 록

시경(詩經)에 이른다. "솔개는 날아 하늘에 이르고, 물고기는 연못에 노니누나"

碧峙解

연비여천어약우연(鳶飛戾天魚躍于淵)이란 정념(情念) 밖의 소식(消息)이라, 정념(情念)으로 헤아려서 알 수 없다. 자성(自性)을 관조(觀照)하여 홀연(忽然)히 자성(自性)의 실체(實體)를 만난 이후에 연비여천어약우연(鳶飛戾天魚躍于淵)의 본의(本意)에 합할 수 있는 것이다. 고덕(古德)이 이르기를, 활연대오(豁然大悟) 연후에사 연비어약(鳶飛魚躍)의 도리(道理)를 볼 수 있다고 함을 듣지 못했는가?

이는 공자(孔子)께서 시경(詩經)을 인용하여 말씀한 것이다. 공자께서 옛 말씀을 인용한 구절(句節)은 자성(自性)에 아니 관련된 말씀은 없다. 이를 손자인 자사(子思)가 전해 듣고 중용(中

庸)에 채록(採錄)한 것이다. 공자(孔子)께서 옛글을 인용하신 곳은 지극히 중요한 가르침이다. 연비여천어약우연(鳶飛戾天魚躍于淵)에는 무정(無情)의 도심(道心)이 오롯이 드러나 있다. 이 속에서 진의(眞意)를 얻어야 무위(無爲)의 도(道)를 통해(通解)하고, 나아가 계합(契合)할 수 있는 것이다.

불우불구장 不憂不懼章

군자(君子)는 근심과 두려움이 없다

子曰 君子는 不憂不懼니라 又曰 內省不疚어니 夫何憂何懼리오
자왈 군자 불우불구 우왈 내성불구 부하 우하구

(論語 顏淵)

공자(孔子)께서 말씀하였다. "군자(君子)는 근심이 없으며, 두려워하지 않는다." 또 말씀하였다. "안[自性]을 돌이켜보면 병(病)이 없나니, 어찌 근심하며 어찌 두려워하겠는가?"

碧峙解

방외(方外)의 상사(上士)는 정(情)이 없다. 불우불구(不憂不懼)는 칠정(七情)가운데 우구(憂懼)만을 들어 정(情)을 설명한 것이다. 헌원가(軒轅家)는 우사비(憂思悲)를 들어 칠정(七情)의 전체(全體)를 가리킨다.

내성(內省)은 자성(自性)을 반조(返照)하는 것이다. 맹자(孟子)는 반지(反之)라 하였다. 반조(返照)는 경공부(敬工夫)이다. 반조(返照)에 순숙(純熟)해야 정일집중(精一執中)할 수 있는 것이다.

내성불구(內省不疚)란 공자(孔子)께서 자성(自性)에는 본래로

정(情)이 없는 것을 보시고, 본지(本旨)를 드러내어 가르치는 말씀이다. 구(疚)는 오래된 병(病)이다. 오래된 병(病)의 내용은 다만 칠정(七情)이다. 범부가 칠정(七情)의 진질(疹疾) 속에서 허둥대므로 공자(孔子)께서 어엿비 여겨 친절한 가르침을 보이신 것이다.

사무사장 思無邪章

생각에 정념(情念)이 없다

子曰 詩三百을 一言以蔽之하니 曰 思無邪니라
자 왈 시삼백 일언이폐지 왈 사무사 (爲政)

공자(孔子)께서 말씀하였다. "시(詩) 삼백편(三百篇)을 한마디로 말하면, 생각에 삿됨이 없나니라."

碧峙解

사무사(思無邪)란 생각에 칠정(七情)이 없음이다. 만약 정(情)이 없이 생각할 수 없다면, 사무사(思無邪)를 이해하지 못한다. 공자께서 계사(繫辭)에 정위(情僞)라 하고 계사(繫辭)라 하였는바, 계사(繫辭)란 성인(聖人)이 다시 오더라도 고칠 수 없는 불변(不變)의 진리(眞理)라는 뜻이다. 고로 정(情)이 거짓[幻]이란 말씀은 절대진리(絶對眞理)란 뜻이다.

사무사(思無邪)의 사(邪)는 칠정(七情)이다. 고현(高賢)은 만사(萬事)에 자성(自性)으로 응(應)하고, 범부는 만사(萬事)를 칠정(情)으로 꾸리는 것이다.

공자(孔子)의 일이관지(一以貫之)는 사무사(思無邪)로써 일이관지(一以貫之)한다는 뜻이다. 장자(莊子)의 무심어세(無心御世)와 열자(列子)의 무정(無情)과 고자(告子)의 무선무악(無善無惡)이 모두 사무사(思無邪)와 통(通)한다.

낙이불음장 樂而不淫章

즐거웁되 망령(妄靈)되지 아니하다

子曰 關雎는 樂而不淫하고 哀而不傷이니라
자왈 관저 낙이불음 애이불상 (論語 八佾)

공자(孔子)께서 말씀하였다. "시경(詩經) 관저편(關雎篇)은 즐거웁되 망령(妄靈)되지 않고, 슬퍼하되 상(傷)함이 없느니라."

碧峙解

무정자(無情者)는 무사(無事)하여 무위(無爲)에 소요(逍遙)하므로 청정광명(淸淨光明)이 상방(常放)하는 것이다.

무정(無情)의 자성(自性)은,

원시반종(原始反終)하여
불우불구(不憂不懼)하며
고금(古今)과 미래(未來)에 속하지 아니하며
무시무종(無始無終)하며
혼지불탁(混之不濁)하며
애이불상(哀而不傷)하며
분이불열(焚而不熱)하며
사이불망(死而不亡)이라,

무사(無事)에 거처(居處)하여

무위(無爲)를 나투운다.

이 도리(道理)를 통해(通解)하지 못하면, 진유(眞儒)라 할 수 없다.

형색천성장 形色天性章

형색(形色)이 천성(天性)이다

孟子曰 形色은 天性也니 惟聖人然後라야 可以踐形이니라
맹자왈 형색 천성야 유성인연후 가이천형

(盡心)

맹자(孟子)가 말씀하였다. "형색(形色)이 천성(天性)이니, 오직 성인(聖人)이 된 연후라야, 있는 그대로가 천성(天性)인 줄 아는 것이다."

碧峙解

형색천성(形色天性)이란 범부라도 일상(日常)의 동용주선(動容周旋)과 언어동정(言語動靜)이 천성(天性)아님이 없다는 뜻이다. 범부는 다만 허환(虛幻)의 칠정(七情)에 가려져 알지 못할 따름이라는 것이다. 이는 맹자 만년(晩年)의 밝은 견처(見處)이다. 맹자(孟子)가 이른다.

"이 도리(道理)는 오직 성인(聖人)이 된 연후라야, 지금(只今) 심신(心身)의 있는 그대로가 천성(天性)인 줄 아는 것이다."

형색천성(形色天性)의 현지(玄旨)는 공자(孔子)의 말씀과 적통

(的通)한다. 공자(孔子)의 말씀을 본다.

"누가 문(門)을 통하지 않고 밖으로 나갈 수 있겠는가?"
"찰나(刹那)라도 이 도(道)를 떠날 수 있는 것이 아니다."
"백성(百姓)이 일용(日用)하나 스스로 알지 못하니라."

모든 사람이 도(道)를 갖추고 있으며, 찰나(刹那)라도 도(道)를 떠날 수 있는 것이 아니다. 그러나 범부(凡夫)가 스스로 미혹(迷惑)하여 엉뚱한 인생(人生)을 꾸리며, 고치려 할 줄 모르는 것이다.

형색천성(形色天性)의 도리(道理)는 지천명(知天命)연후라야 문(門)을 여는 경지(境地)이다. 맹자(孟子)의 형색천성설(形色天性說)과 양지설(良知說)과 진심설(盡心說)은 공자(孔子)의 도(道)에 부합(符合)한다. 진심(盡心)이란 무심(無心)의 뜻이다. 진심(盡心)을 마음을 다한다거나 마음을 없앤다로 풀이하면, 공자(孔子)의 고(故) 즉 본래(本來)의 도(道)와는 멀어진다.

맹자(孟子)의 중년(中年)과 만년(晩年)의 말이 서로 같지 아니하다. 요순성자(堯舜性者)와 요순성지(堯舜性之) 그리고 측은지심(惻隱之心)을 인(仁)과 인지단(仁之端)으로 섞갈림 등이 그러하다. 맹자(孟子)에는 중로만(中老晩)의 견해(見解)가 섞여 있는 것이다. 맹자(孟子)의 만년(晩年)말이라사 공자(孔子)의 도(道)에 적연(的然)히 부합(符合)하는 것이다.

욕기영귀장 浴沂詠歸章

기욕(沂浴)하고 무우(舞雩)에서 노래하다

曾點曰 莫春者에 春服旣成이어든 冠者五六人과 童子六七人으로 浴乎沂하여 風乎舞雩하여 詠而歸하리다
증점왈 막춘자 춘복기성 관자오륙인 동자육칠인 욕호기 풍호무우 영이귀

夫子喟然嘆曰吾與點也하노라
부자위연탄왈오여점야

(論語)

증점(曾點)이 말하였다. "늦은 봄에 봄옷이 지어지면, 관을 쓴 어른 오륙 명 과 동자 육칠 명과 함께 기수(沂水)에서 목욕하고, 무(舞雩)에서 바람 쐬고, 노래하면서 돌아오겠습니다." 공자께서 아! 하고 감탄하시며 말하였다. "나는 점(點)을 허여(許與)하노라."

碧峙解

점(點)은 증석(曾晳)이요, 증삼(曾參)의 아비이며, 공문오철(孔門五喆)의 한 분이다. 오철(五喆)은 안회(顏回), 증석(曾晳), 중궁(仲弓), 민자건(閔子騫), 염백우(冉伯牛)이다.

욕호기(浴乎沂) 풍호무우(風乎舞雩) 영이귀(詠而歸)를 줄여, 욕기영귀(浴沂詠歸)라 한다. 논어(論語)에 공자(孔子)께서 그 언행

(言行)을 보고 허여(許與)한 것은 증석(曾晳)과 안회(顏回) 뿐이다. 주희(朱熹)가 주동하여 안회(顏回)와 증삼(曾參)을 안자(顏子)와 증자(曾子)로 추존(推尊)하고, 자장(子張), 전손사(顓孫師)를 십철(十喆)에 끼워 넣었다. 다만 안회(顏回)를 안자(顏子)로 추존(推尊)한 것만이 바르다.

언성칙고장 言性則故章

성(性)은 본래(本來)의 진심(眞心)이다

孟子曰 天下之言性也는 則故而已矣니 故者는 以利爲本이니라
맹자왈 천하지언성야 칙고이이의 고자 이리위본

(離婁)

맹자(孟子)가 말씀하였다. "천하(天下)에 자성(自性)을 말함은 본래[故]일 뿐이니, 본래[故]란 사람의 근원(根源)을 가리키는 말이다."

碧峙解

고(故)란 본래(本來)이니 곧 사람의 근원(根源)을 가리키는 말씀이다. 본래(本來)의 진아(眞我)를 회복하는 것이 명성공부(明性工夫)의 목표이다. 그러므로 맹자(孟子)가,

"천하(天下)에 자성(自性)을 말함은 본래[故]일 뿐이니, 본래(本來)란 사람의 근원(根源)을 가리키는 말이다."

라 하는 것이다. 공자(孔子)께서는 극기복례(克己復禮)라 하였다. 극기(克己)란 명성(明性)의 뜻이요, 복례(復禮)는 복도(復道)의 의미이다. 도(道)를 배우고 공부한다는 것은 본래(本來)의 자성

(自性)을 회복(回復)하는 것 외에 다른 일이 아니다. 공자(孔子)께서 자성(自性)을 회복(回復)한 연후에 그 도(道)의 효용(效用)이 광대무변(廣大無邊)함을 자세히 설하지 않은 것은, 그 때에 배우는 이의 자품(資品)이 그 말씀을 감당하기 어렵기 때문이다.

고로 사생(死生)의 문제와 귀신(鬼神)의 정상(情狀) 등에는 중용(中庸)에 한마디와 계사(繫辭)에 두 줄의 말씀이 있을 뿐인 것이다.

천명솔성장 天命率性章

천명(天命)은 성(性)이요 솔성(率性)이 도(道)이다

天命之謂性이요 率性之謂道요 修道之謂教니라 道也
천 명 지 위 성 솔 성 지 위 도 수 도 지 위 교 도 야

者는 不可須臾離也니 可離면 非道也라
자 불 가 수 유 리 야 가 리 비 도 야

(中庸)

천명(天命)을 자성(自性)이라 하고, 자성(自性)을 온전히 나툼을 도(道)라 하며, 도(道)에 나아가는 가르침을 교(教)라 한다. 도(道)는 [사람을] 잠시라도 떠날 수 없는 것이라, 떠날 수 있다면 도(道)가 아니다.

碧峙解

천명(天命)이란 불변의 명(命)이니 곧 자성(自性)이다. 솔성(率性)이란 자성(自性)에 맡겨 시절인연(時節因緣)을 따르는 것이다. "도(道)는 [사람을] 잠시라도 떠날 수 없는 것이라, 떠날 수 있다면 도(道)가 아니다."라 함은 범부에게 도(道)가 온전히 갖추어 있다는 뜻이다. 실(實)에 있어 어찌하면 도(道)가 온전하게 되는가? 비유(比喩)하건대 웅덩이의 물에 막대기를 넣어 휘저으면 물이 흐려질 것이다. 웅덩이의 물을 맑게 하고자 하면 막대기를 꺼내고 기다리면 물이 맑아지지 않을 수 없다. 물은 자성(自性),

막대기는 정(情)에 비유(比喩)한 것이다. 맑아지고자 하는가? 오직 막대기를 꺼내고 쉬면 될 일이다. **이치가 이러하므로 노자(老子)가 손지우손(損之又損)이라 한 것이다**. 공문(孔門)의 도(道)에 나아간 이라면, 지학(志學) 이후에 수사선도(守死善道)로써 수행(修行)해야 한다. 공자(孔子)께서 그러하셨고, 안회(顏回)가 모범을 보였다.

일용부지장 日用不知章

성(性)을 쓰면서도 알지 못한다

子曰 一陰一陽之謂道니 繼之者 善也오 成之者 性也라 仁者가 見之에 謂之仁하며 知者가 見之에 謂之知요 百姓이 日用而不知라 故로 君子之道가 鮮矣니라
자왈 일음일양지위도 계지자 선야 성지자 성야 인자 견지 위지인 지자 견지 위지지 요 백성 일용이부지 고 군자지도 선의

(易 繫辭傳 上)

공자(孔子)께서 말씀하였다. "[自性이] 한 때 고요[陰]하고 한때 움직이는[陽] 것을 도(道)라 하나니, 그 작용이 정(情)에 머무름 없음이 선(善)이요, 그 동정(動靜)을 이루는 것은 성(性)이니라. 인(仁)한 이가 봄에 인(仁)이라 하며, 성(性)을 아는 이가 봄에 도(道)를 안다고 한다. 범부가 [迷惑하여] 나날이 쓰면서도 스스로 알지 못하니라. 그러므로 군자(君子)의 도(道)가 드무니라."

碧峙解

일음일양(一陰一陽)이란 마음(自性)의 동정(動靜) 즉 체용(體用)을 가리킨다. 선(善)은 정(情)이 민멸(泯滅)하여 성(性)이 성성(惺惺)함이다. 자성(自性)은 천연(天然)의 마음이다. 자성(自性)이 적연부동(寂然不動)으로 보고 듣고 말하고 거니는 작용을 도(道)라

한다. 그 작용에 정(情)이 없는 경지를 지선(至善)이라 하고, 이러히 적연부동(寂然不動)으로 만사에 작용하는 주인의 이름을 진아(眞我), 진심(眞心), 진성(眞性)이라 한다. 진성(眞性)으로 소요(逍遙)하는 것이 도(道)이다. 이 밖에 다른 도(道)는 없다.

진성(眞性)을 철견(徹見)해야 진성(眞性)과 정(情)의 정체(正體)를 적확(的確)히 알 수 있다. 진성(眞性)을 밝히는 공부방법이 경(敬)이다.

일음일양론(一陰一陽論)이란 자성(自性)의 체용을 가리키는 설명이다. 범부는 자성(自性)에 동정(動靜)이 실다이 있는 것으로 이해한다. 범부는 마음이 고요할 때와 작용할 때가 있다고 이해하기 때문이다. 그런 까닭에 공자께서 임시로 정(靜)을 자성(自性)의 체(體), 동(動)을 자성(自性)의 용(用)이라, 이름 붙여 자성(自性)을 설명하는 방법을 두었으니 곧 일음일양론(一陰一陽論)이다. 근원을 이르면 자성(自性)은 항상하게 적연부동이라, 동정(動靜)을 짓되 동정(動靜)에 속하지 않는다. 그러므로 비록 체용(體用)의 설명을 두나 체용(體用)의 실상(實相)이 있는 것이 아니다. 고로 일음일양론(一陰一陽論)은 체용불이론(體用不異論)이요, 체용본무론(體用本無論)인 것이다.

일음일양(一陰一陽)을 무간(無間)으로 이루는 것을 계(繼)라 한다. 자성(自性)은 본래 무정(無情)으로 동정(動靜)을 나투는 것이다. 범부는 칠정(七情)으로 자신의 마음으로 삼아서 인생을 꾸려

가므로 자성(自性)과 칠정(七情)을 별물(別物)로 이해하거나 혹은 칠정(七情)을 자성(自性)으로 인식(認識)하는 것이다.

성(成)은 이룬다는 뜻이나, 부득이(不得已) 이룬다고 설명한 것이다. 자성(自性)은 만사를 이루나 그것은 속견(俗見)이요, 방외(方外)의 궁극(窮極)에는 천연(天然)으로 부동(不動)이기에 이루는 바가 없는 것이다. 명성(明性)하여 무사무위(無思無爲)의 도리(道理)에 밝아진 연후에사 천연부동(天然不動)의 도리(道理)에 거닐 수 있는 것이다.

인자(仁者)란 지천명(知天命)을 지나 이순(耳順) 혹은 종심(從心)에 거니는 경지를 가리키며, 지자(知者)란 칠정(七情)의 내용에 미혹(迷惑)하지 않는 경지를 이른다.

음양(陰陽)에는 두 가지 개념이 있다. 두 물건을 비교하는 이물대별법(異物對別法)의 음양(陰陽) 즉 해와 달, 남자와 여자 등이다. 계사(繫辭)의 음양(陰陽)은 한 물건의 이러한 때와 저러한 때를 가려보는 일물분별법(一物分別法)을 의미한다. 예컨대 한 사람의 동(動)할 때와 정(靜)할 때, 또는 한 그릇의 물이 차가울 때와 뜨거울 때 등을 가려 음양(陰陽)으로 부르는 분별법(分別法)이다.

이물대별법(異物對別法)으로 사물을 보면 음양(陰陽)이 결정된 것으로 보이나, 일물분별법(一物分別法)으로 사물을 보면 결정된 음양(陰陽)의 이름이 있지 아니한 것이다.

사물을 체용(體用)으로 설명하기 위해 부득이 음양(陰陽)의 개념을 빌린 것이다. 그러므로 음양(陰陽)의 말은 하나의 관념(觀念)일 따름이요, 음양의 실체가 있는 것이 아니다. 이러한 설명을 일러 본무음양설(本無陰陽說)이라 한다.

성근습원장 性近習遠章

성(性)은 가까우나, 습(習)은 멀다

子曰 性相近也오 習相遠也니라
자 왈 성 상 근 야 습 상 원 야

(論語 陽貨)

공자(孔子)께서 말씀하였다. "자성(自性)을 공부(工夫)의 근원(根源)으로 삼으면 도(道)에 가깝고, 칠정(七情)의 모습을 따르는 공부를 근본 삼으면 도(道)에서 멀다."

碧峙解

예부터 성근습원장(性近習遠章)을 난해처(難解處)라 한다. 자성(自性)은 사람사람이 다르지 아니하다. 계사(繫辭)에 백성일용이부지(百姓日用而不知)라 함이 범부의 자성(自性)이 성인(聖人)과 다름이 없다는 뜻이다. 공자께서는 범부가 미혹(迷惑)하여 정(情)으로 마음을 삼아 인생을 꾸리는 것을 걱정하시는 것이다. 공자(孔子)의 말씀, 어느 곳에 자성(自性)이 서로 비슷하다고 하심이 있는가?

범부가 정(情)으로 심(心)을 삼고, 정(情)의 나[我]를 진아(眞我)로 여기므로 공자(孔子)께서 무의(毋意, [意가 없다]), 무사야(無思也, [생각이 없다]), 사무사(思無邪, [생각에 삿됨이 없다])라고 곳곳에 말씀하였다. 배우는 이가 이 말씀에 착안(着眼)하지 못하므로 공자(孔子)의 종지(宗旨)를 투득(透得)하지 못하는 것이다.

논어(論語)에 무의(毋意)라 하였고,
계사(繫辭)에 무사야(無思也)라 하였으며,
또한 논어(論語)에 사무사(思無邪)라 하였다.

사무사(思無邪)의 도리를 탁연(卓然)히 투득(透得)한 이후에 무위(無爲)의 뜻에 합하여 무위(無爲)의 행(行)에 나아갈 수 있는 것이다. 계사(繫辭)에 무사야(無事也) 무위야(無爲也)라 하였으며, 논어(論語)에서 무위이치(無爲而治)를 설하였으며, 중용(中庸)에 무위이성(無爲而成)을 드러낸 것은 방외(方外)를 향하는 상사(上士)를 위한 가르침이다.

북송(北宋)의 정이(程頤)가 성상(性相)과 습상(習相)을 착해(錯解)하여 본연지성(本然之性)과 기질지성(氣質之性) 운운(云云)하였다. 이에 주희(朱熹)가 따르며 망주(妄注)하니 속유(俗儒)들이 맹종(盲從)하여 마침내 공지(孔旨)가 가려진 것이다. 지금 세상에 공자(孔子)를 배우며 참되이 공부하는 이가 드물고도 드물어진 연유(緣由)의 하나라 하겠다.

정주(程朱)처럼 이성(二性)을 주장하는 자는, 입으로는 도(道)를 읊조리나 도(道)의 근본을 가로막은 패유(悖儒)라 할 것이다. 이성(二性)을 주장하므로 "비슷하다"는 설해(說解)를 두나니, 이는 공자(孔子)의 설(說)과는 다르다. 만약 성상근야(性相近也)를

"자성(自性)은 서로 가깝다."로 풀이한다면, 공문(孔門)의 대역죄인(大逆罪人)이 되는 것이다. 어찌 범성(凡聖)의 자성(自性)이 서로 비슷함에 그치겠는가?

원시반종장 原始反終章

시(始)를 반조(返照)하여 회복하다

易 繫辭에 云하되 仰以觀於天文하고 俯以察於地理라
역 계 사 운 앙 이 관 어 천 문 부 이 찰 어 지 리

是故로 知幽明之故하며 原始反終이라 故로 知死生之
시 고 지 유 명 지 고 원 시 반 종 고 지 사 생 지

說하며 精氣爲物이요 遊魂爲變이라 是故로 知鬼神之
설 정 기 위 물 유 혼 위 변 시 고 지 귀 신 지

情狀하나니라
정 상

(易繫辭)

역(易) 계사(繫辭)에 이른다. "우러러 천성(天性)을 관(觀)하고 구부려 세상[모습]을 보나니, 이러므로 천성(天性)을 알며, 처음(天性)을 반조(返照)하여야 천성(天性)을 회복(回復)하느니라. 그리하여 사생(死生)의 근원을 알며, 해맑은 정기(精氣)의 마음[物]이 되고, 마음은 때를 따라 변화를 나툰다. 이러하므로 귀신(鬼神)의 정상(情狀)을 안다고 하느니라.

碧峙解

천성(天性)은 자성(自性)이다. 앙천(仰天)은 스스로의 자성(自性)을 반조(返照)한다는 뜻이다. 자성(自性)의 도(道)가 모든 생명의 근원이기 때문에 우러러 본다고 한 것이다.

앙(仰)은 자성(自性)의 체(體)를 보는 것이요, 부(俯)는 자성(自性)의 작용(作用)을 드러내는 것이다. 앙천(仰天)은 스스로의 자성(自性)을 반조(返照)하는 것이요, 부지(俯地)는 드러난 자성(自性)의 모습 없는 모습의 작용(作用)을 본다는 뜻이다. 대저 자성(自性)을 밝힌 이는 뒷사람을 깨우칠 때, 먼저 자성(自性)을 가리켜 보이고, 그 다음에 인심(人心)과 도심(道心)을 자세히 설명한다. 그 밖은 사람과 때에 따라 설하는 것이다. 이는 밝히고 넓히는 도리이다.

온고지신장 溫故知新章

자성(自性)을 밝혀 새롭게 되어야

子曰 溫故而知新이면 可以爲師矣니라
자 왈 온고이지신 가이위사의

(論語 爲政)

공자(孔子)께서 말씀하였다. "본래의 자성(自性)을 밝혀 새롭게 알면, 가히 뭇사람의 스승이 될 수 있다."

碧峙解

온(溫)은 밝히다요, 고(故)는 본래(本來)의 뜻이며, 지(知)는 진지(眞知)이다. 신(新)은 본래(本來)의 진심(眞心)을 밝혀 새롭게 아는 것이다. 지신(知新) 즉 새롭게 안다는 것은, 진심(眞心)을 회복(回復)한 것이다. 회복이라 하였으나 새로이 조작(造作)한 것이 아니다. 다만 본래(本來)에 합한 것이니, 비유하면 허공(虛空)이 허공(虛空)임을 자각(自覺)한 것일 뿐이요, 새로이 허공(虛空)이 된 것이 아니다. 그런고로 사람의 진심(眞心)은 불가불손(不加不損)이며 적연부동(寂然不動)이므로'다만 있는 그대로'인 것이다. 그 실상(實相)은 과거 현재 미래나, 어떤 공간(空間)에 속하지 아니하며 우주(宇宙)의 원래 주인(主人)인 것이다. 고로 진심(眞心)은 모든 관념(觀念)의 세계(世界) 밖에 두렷하며 평등(平等)하며 자유(自由)인 것이다.

온고지신(溫故知新)이란 본래의 자기(自己)를 밝혀 새롭게 아는 것이다. 온고지신(溫故知新) 연후에사 지혜(智慧)에 허물이 적은 것이다. 공자(孔子)께서는 본래(本來)의 자기(自己)를 밝혀 평등(平等)과 자유(自由)와 무사(無事)를 회복(回復)하라고 당부하신 것이다.

덕혜술지장 德惠術知章

술지(術知)는 항상 진질을 앓는다

孟子曰 人之有德惠術知者는 恒存乎疢疾也이니라
맹 자 왈 인 지 유 덕 혜 술 지 자 항 존 호 진 질 야

(孟子盡心)

맹자(孟子)가 말씀하였다. "사람 중에 덕혜술지(德惠術知)에 의지하는 자는, 항상 칠정(七情)의 열병을 앓는 것이다.

碧峙解

덕혜(德惠)란 자성(自性)의 내용에 대한 성인의 가르침이다. 덕혜(德惠)는 덕혜(德慧)와 같은 뜻이다. 성인의 은혜로운 상선(上善)의 가르침이므로 덕혜(德惠)라 한다.

술지(術知)는 성인의 말씀을 계교(計巧)하여 깜냥대로 이해하여 아는 것이다. 고로 덕혜술지(德惠術知)는 덕혜(德惠)를 견문(見聞)으로 배운 학습지(學習智)로써 성인의 지혜(智慧)를 계교(計巧)하여 아는 지식(知識)이다.

성덕(性德)의 바른 지혜(智慧)를 자기(自己)에게서 밝혀, 성인(聖人)의 본지(本旨)에 합(合)한 연후에 덕혜술지(德惠術知)가 바른 뜻을 얻는 것이다. 바른 지혜(智慧)는 사무사(思無邪)의 묘지

(妙旨)에 계합(契合)함을 그 처음으로 한다.

진질(疢疾)은 열병(熱病)이다. 덕혜술지(德惠術知) 속의 선비는 열병(熱病)을 앓는 것과 같이 늘 헛소리를 한다는 뜻이다.

지아천호장 知我天乎章

나를 밝히 아는 것은 허공(虛空)이다

子曰 不怨天하며 不尤人이요 下學而上達하노니 知我者는 其天乎인저
자왈 불원천 불우인 하학이상달 지아자 기천호

(論語 憲問)

공자(孔子)께서 말씀하였다. "나는 허공[天]을 원망하지 않으며, 사람을 탓하지 아니하며, 하학(下學)하며 상달(上達)하노니, 나를 밝히 아는 것은 허공[天]이다."

碧峙解

천(天)은 허공(虛空)의 뜻이다. 천(天)을 어떤 절대자(絶對者)로 이해하면 공지(孔旨)를 만날 수 없다. 하학(下學)은 범부가 정(情)에 머무는 바를 가리킨다. 범부는 정(情)으로 마음을 삼기 때문이다. 상달(上達)은 명성(明性)하여 진심(眞心)에 거처하는 것이다. 명성(明性)연후에 노력을 더하여 종심(從心)에 나아가면 무위(無爲)의 인(仁)에 거처하는 것이다.

인(仁)을 배우는 이는, 공자(孔子)께서도 요순병제(堯舜病諸) 즉 요순(堯舜)도 인(仁)을 넓힘에 병(病)이 여럿 있다고 하였음을

명념(銘念)해야 한다. 공자(孔子)의 상달(上達)은 종심(從心)으로써 지인(至仁)에 이르고자 함이다. 요순병제(堯舜病諸)란 인(仁)을 알았더라도 인(仁)을 넓히기 어려움을 설한 것이다. 덕혜술지자(德惠術智者)가 가벼이 인(仁)이라! 인(仁)이라! 해서는 아니 되는 것이다.

성색말야장 聲色末也章

성색(聲色)은 말단의 방편이다

子曰 聲色之於以化民에 末也니라 - 하다
자 왈 성 색 지 어 이 화 민 말 야

(中庸 末句)

공자(孔子)께서 이르신다. "[道를] 말과 모습으로 가르치는 것은, 범부를 교화(敎化)함에 있어 말단(末端)의 방편(方便)이니라."

碧峙解

성(聲)은 대저 이러하니 이렇게 하라! 저러하니 저렇게 하라! 는 가르침이다. 즉 선(善)을 가까이 하고 악(惡)을 멀리하여, 뭇 사람이 우러러 볼 수 있는 도리(道理)와 범절(凡節)을 세우는 말씀 등이다. 성(聲)은 범부의 자성(自性)을 곧바로 가리키지 아니하고, 도(道)의 내용(內容)과 효용(效用)을 잠언(箴言) 등으로 보이는 말씀이다.

색(色)은 그 때와 그 처소(處所)에 맞게 하는 교어(敎語)이다. 다시 말해 마음씨와 몸을 가지런히 하여 모습을 다스리는 범절(凡節)의 교법(敎法)인 것이다. 말(末)이란 지말(枝末)이니, 하사(下士)를 위한 교화방편(敎化方便)을 이른다.

* 상문(上文)은 화민(化民)에 성색지(聲色之)는 말야(末也)니라의 뜻이다. 문장(文章)을 도치(倒置)하여 문격(文格)을 둔 것이다.

지성진성장 至誠盡性章

성인(聖人)이라야 능히 성성(惺惺)한다

中庸云 自誠明을 謂之性이요 自明誠을 謂之教니 誠則明矣요 明則誠矣니 惟天下至誠이야 爲能盡其性이니라
중용운 자성명 위지성 자명성 위지교 성칙명의 명칙성의 유천하지성 위능진기성

(中庸22章)

중용(中庸)에 이른다. "성(誠)으로 밝아지는 것은 자성(自性)이요, 밝음(明)으로 성(誠)하는 것을 교(敎)라 하니라. 성(誠)하면 밝아지고, 밝아지면 성(誠)하다. 오직 천하의 지성(至誠)이라야 능히 자성(自性)을 온전히 하니라."

碧峙解

성(誠)은 성(惺) 즉 깨어 있음이다. 무엇이 깨어 있다는 것인가? 자성(自性)이 칠정(七情)에 미혹(迷惑)됨이 없이 깨어 있음을 의미한다. 자성(自性)이 깨어[惺] 행함을 인(仁)이라 이름 하는 것이다. 명(明)이란 어두움을 밝히는 것이요, 성(誠)이란 그 밝음을 오롯이 하는 것이다.

칠정(七情)으로 어두워진 자성(自性)을 밝히려면 오직 성(誠)에

나아가야 한다, 성(誠)이 아니면 명(明)할 수 없다. 누가 성(誠)하지 못하면서 명(明)할 수 있겠는가? 성(誠)이면 자성(自性)이 온전함을 확인하게 되고, 스스로의 자성(自性)을 명철(明徹)히 확인한 이를 성(聖)이라 한다.

성(誠)에 나아가기 위해서는 먼저 경(敬)에 힘써야 한다. 경(敬)의 내용은 본심반조(本心返照)이다. 반조(返照)란 순일(純一)하게 자성(自性)을 향하는 공부이다. 맹자(孟子)에 진심즉지성(盡心則知性)이라 함은 경(敬)으로 성(誠)하여 자성(自性)을 아는 것이다. 진심(盡心)은 칠정(七情)의 마음을 없앤다는 뜻이니 본의(本意)는 무심(無心)이다. 자성(自性)이 밝아진 이후라야 칠정(七情)의 내용이 환몽(幻夢)이라서 본래(本來) 없는 것인 줄 아는 것이다.

지성(至誠)을 이룬 뒤라야 일용행사(日用行事)의 동용주선(動容周旋)에 자성(自性)을 온전히 할 수 있는 것이다. 성(誠)하면 자성(自性)이 드러나고, 지성(至誠)이라야 자성(自性)으로 온전히 행하는 것이다. 이는 요순(堯舜)도 온전하지 못하다고 공자(孔子)께서 말씀하였다.

대학(大學)의 지(止)란 칠정(七情)을 그치는 것이다. 지(止)의 경지에 이르려면, 먼저 지도(志道)를 거쳐 입경(立敬)하고, 경(敬)이 순숙(純熟)하여 집중(執中)이 순일(純一)한 연후에 칠정(七情)이 환몽(幻夢)임을 처음으로 알게 되는 것이다. 이 앎의 계위(階

位)를 공자(孔子)께서 지자(知者)라 하였다.

지자(知者) 이후에 나아가 성(誠)을 이루어 명철(明徹)하게 밝히면 칠정(七情)이 환몽(幻夢)임을 마침내 적확(的確)하게 확인(確認)하게 된다. 이러히 칠정(七情)이 환몽(幻夢)임을 확인하게 되면 지(止)의 공부(工夫)에 온전히 합(合)하게 되는 것이다. 지(止)의 공부(工夫)에 온전히 합(合)한 이를 일러 인자(仁者)라 하는 것이다.

지금 세상에 지(止) 이후의 공부에 나아간 이가 드물다. 드문 까닭에 역사(歷史)에 이름을 남긴 이 가운데, 대략 십 여인이 보일 뿐이다. 지(止) 이후의 경지는 칠정(七情)이 쉰(止休) 정도를 가름하는 것이나, 공자(孔子)는 논어에서 이순(耳順)과 종심(從心)만을 말하고, 중용에서 지성(至誠)을 말하였다. 지(止)는 지지(知止)이다. 칠정(七情)이 환몽(幻夢)인 줄 알아서 그치고자 하는 경지(境地)인 것이다. 중용(中庸)에 경(敬)과 성(誠)과 지성(至誠)을 보인다.

불혹(不惑)은 다만 자성(自性)과 칠정(七情)에 불혹(不惑)하는 것이다. 지천명(知天命)은 자성(自性)을 처음 밝힌 것이니, 곧 명성(明性)이다.

궐중(厥中)은 궐성(厥性)이니 곧 자성(自性)을 성성반조(惺惺返照)하는 것이다.

종심(從心)은 십이시(十二時)에, 칠정(七情)이 드문드문 나타날지나, 방해롭지 않은 정명순일(精明純一)한 경지(境地)이다. 공자(孔子) 이후에 종심(從心)의 경지(境地)에 이른 이가 몇이나 되는지 궁금할 따름이다.

윤집기중장 允執其中章

진실(眞實)되이 성(性)을 반조(返照)하라

> 堯曰 咨爾舜아 天之曆數가 在你躬하니 允執其中하라
> 요 왈 자 이 순 천 지 역 수 재 이 궁 윤 집 기 중
>
> 四海困窮하면 天祿永終하리라 舜亦以命禹하시니라
> 사 해 곤 궁 천 록 영 종 순 역 이 명 우
>
> (論語 堯曰)

요(堯)임금이 말씀하였다. "아! 순(舜)아! 천도(天道)가 그대에게 있으니, 진실되이 자성(自性)을 반조(返照)하라. 천하가 무도(無道)하면 천도(天道)는 영원히 드러나지 못할 것이다." 순(舜)임금 역시 우(禹)임금에게 이 말씀으로써 전심(傳心) 하였다.

碧峙解

천지역수(天之曆數)란 진심(眞心)의 도리를 지칭한 것이다. 윤집기중(允執其中)의 중(中)은 자성(自性)을 가리킨다. 윤집궐중(允執厥中)과 같은 뜻이다. 천록(天祿)은 천도(天道)의 정명(正明)을 이르고, 명(命)은 전심(傳心)을 의미한다. 서경(書經)의 인심도심장(人心道心章)과 논어(論語)의 윤집기중장(允執其中章)의 요지(要旨)가 같다.

지인(至人)과 신인(神人)이 출현(出現)하여도 당세(當世)에 알아보는 이는 한 둘에 그친다. 대개 뒷날의 명안달사(名眼達士)가 밝히 본 뒤로 세상에 넓혀지는 것이다. 대개명안달사는 당세에 외면당하나, 누거(陋居)하여도 의연(毅然)하여, 그 때에 그 사람의 눈을 열어주고, 뒷사람을 위하여 행과 글을 남기는 것이다. 글을 남김에는 반드시 전성(前聖)의 드밝음을 높이고, 삿된 말을 물리치는 것이다.

무위남면장 無爲南面章

무위(無爲)에 거처(居處)하여 남면(南面)하다

子曰 無爲而治者는 其舜也與신저 夫何爲哉시리오 恭己正南面而已矣시니라
자왈 무위이치자 기순야여 부하위재 공기정남면이이의

(論語 衛靈公)

공자(孔子)께서 말씀하였다. "무위(無爲)로써 다스린 이는 순(舜)임금이시다. 무엇을 하셨겠는가? 참나[眞我]를 밝혀 남면(南面)하였던 것이다."

碧峙解

무위(無爲)란 일용(日用)에 무사(無思)로써 소요(逍遙)하는 것이니, 칠정(七情)의 육합(六合) 밖의 행이다. 기정(己正)이란 진심(眞心)를 밝혀 대지(大智)에 거처함이다. 남면(南面)은 기정(己正)하여 무위(無爲)로써 감통천하(感通天下)하는 것이니 자평자화(自平自和)의 경지(境地)이다.

기정(己正), 남면(南面), 무위(無爲)란 이름이 다르나 다만 하나의 진심(眞心)을 이르는 것이다. 진심(眞心)을 회복(回復)함과 칠정(七情)에 무잡(無雜)함과 칠정(七情)에 머무는 바 없음을 가리

킨다. 한마디로 이르면 오직 무사대용(無邪大用)에 거처(居處)하는 것이다.

기정(己正) 연후에 남면(南面)할 수 있고, 남면(南面)의 행(行)이 무위(無爲)이다. 도덕경(道德經)의 처무위지사(處無爲之事) 행불언지교(行不言之教)가 곧 무위남면(無爲南面)인 것이다.

천도불이장 天道不貳章

천도(天道)는 둘이 아니다

天地之道는 可一言而盡也니 其爲物이 不貳라 則其生不測이니라
천 지 지 도 가 일 언 이 진 야 기 위 물 불 이 칙 기 생 불 측

(中庸)

천지(天地)에 행하는 도(道)는 한마디로 다할 수 있으니, 그 마음(物)은 둘이 아니다. 그 마음(物)이 일어나는 것을 헤아려 측량(測量)할 수 없다."

碧峙解

공자(孔子)께서 천지의 도(道)를 한마디로 표현할 수 있다고 한 것은 도(道)는 다만 하나라서 한마디로 표현할 수 있다고 한 것이다. 오도일이관지(吾道一而貫之)라 함이 그것이다. 도(道)를 설명하는 공자(孔子)의 체용론(體用論)과 인심도심론(人心道心論)은 하나인 진심(眞心)을 가리킬 따름이다.

위물불이(爲物不貳)란 마음에 오직 도심(道心)만이 실다이 존재한다는 뜻이다. 미혹범부를 위해 부득이 도심(道心)과 인심(人心), 두 마음의 내용을 설명하는 것이다. 도심(道心)과 인심(人心)은 진심(眞心)과 환심(幻心)의 뜻이다.

공자께서 이르시길, 마음은 오직 도심(道心)은 뿐이며, 소처(所處)는 상현무멸(常現無滅) 전지전능(全知全能)하며, 그 체(體)는 무형(無形)하여 그 작용을 측량(測量)할 수 없다고 설명하였다. 정주(程朱)의 이기론(理氣論)은 병설(病說)이다. 정주(程朱)는 실수(實修)와 경지(境地)를 알지 못한 채, 이성(二性)을 주장하여 혹세무민한 것이다.

기생불측(其生不測)이라 함은 자성(自性)이 천연(天然)으로 항상(恒常)하게 나타나 있어 모를 수도 가릴 수도 없나니, 숨어도 숨음이 아니요, 나타나도 나타남이 아님을 설명하는 말이다.

고로 자성(自性)은 앎에도 속하지 아니하고, 나타남에도 속하지 않는 것이다. 소문(素問)에는 음양불측(陰陽不測)이라 하였다. 기생불측(其生不測)과 음양불측(陰陽不測)은 같은 뜻이다. 공자(孔子)께서 이르시길 "내가 가리는 것이 있는가? 내가 아는 것이 있는가?"하였다.

불습성색장 不濕聲色章

자성(自性)은 소리와 빛깔에

詩經大雅 皇矣篇云 予懷明悳不大聲以色이라하다
시 경 대 아 황 의 편 운 여 회 명 덕 부 대 성 이 색

(詩經, 中庸)

시경(詩經) 대아(大雅) 황의편(皇矣篇)에 이른다. "나는 명덕(性)이 소리(言)와 빛깔(形)에 물들지 아니함을 보느니라."

碧峙解

회(懷)는 품다는 뜻이다. 성색(聲色)은 말(言)과 모습(形)이다. 자성(自性)은 소리와 빛깔과 냄새가 아니나, 소리와 빛깔과 냄새를 나투운다. 그러므로 소리와 빛깔을 나투면서도 소리와 빛깔에 물들지 아니하는 것이다. 성인(聖人)은 상사(上士)에게 자성(自性)과 천도(天道)를 가르친다. 실다운 도리(道理)는 자성(自性)과 천도(天道) 뿐이기 때문이다.

자성(自性)과 천도(天道) 외의 가르침은 모두가 성색(聲色)을 따르는 선비를 위해, 부득이 상(象)과 예(禮)와 의(義)를 세워 가르친 것이다. 인생(人生)의 근원(根源)에 대한 의문(疑問)이 뚜렷하여 동용주선(動容周旋)의 체(體)를 밝히려는 이는, 자성(自性)

과 천도(天道) 외의 가르침은 귀에 들어오지 않는 것이다. 천도(天道)란 자성(自性)의 해맑고 현묘(玄妙)한 내용이다. 자성(自性)은 천연(天然)하여 적연(寂然)히 각명(覺明)을 드러냄을 그치지 아니한다.

막유사도장 莫由斯道章

어찌하여 따르는 이가 없는가?

子曰 誰能出不由戶리오마는 何莫由斯道也오
자왈 수능출불유호 하막유사도야 (雍也)

공자(孔子)께서 말씀하였다. "누구라도 밖으로 나갈 때에 문(門)을 통하지 않고 나 갈 수 있겠는가? 그런데 어찌하여 이 도(道)를 따르는 이가 없는가?"

碧峙解

공자(孔子)께서 범부에게 본래(本來)로 도(道)가 자족(自足)하거늘, 어찌하여 자심(自心)을 밝히는 공부에 나아가지 않고 칠정(七情)의 오욕(五欲)에 인생을 맡겨 허망하게 살아가는가? 하고 나무라는 것이다.

공자(孔子)의 가르침은 오직 진심(眞心)을 밝혀 진심(眞心)을 온전히 하는데 있을 뿐이다. 여기에는 추호(秋毫)의 조물주론(造物主論)이나 유신론(有神論)이 붙지 아니한다. 유교(儒教)는 오직 유심론(唯心論)일 따름이다.

지금 세상에 공자(孔子)의 말씀을 강론(講論)하거나 해석(解釋)하여 책으로 펴는 이의 수를 헤아릴 수 없다. 그러나 자성(自性)

과 천도(天道)를 탐구하며 말하는 이는 보이지 아니한다. 대개가 유학(儒學)의 옷을 입고 무지막지(無知莫知)의 견해로써 유정론(有情論)과 조물주론(造物主論)과 유신론(有神論)으로 억설하며 견강부회(牽强附會)하는 것을 부끄러이 여기지 않는다. 어찌 슬프지 않으리오. 咄!

이순종심장 耳順從心章

종심(從心)에 소요(逍遙)하다

子曰 吾十有五而志于學하고 三十而立하고 四十而不惑하고 五十而知天命하고 六十而耳順하고 七十而從心所欲하되 不踰矩호라
자왈 오십유오이지우학 삼십이립 사십이불혹 오십이지천명 육십이이순 칠십이종심소욕 불유구

(論語 爲政)

공자(孔子)께서 말씀하였다. "나는 열다섯에 도(道)를 밝힘에 뜻을 두었고, 삼십에 도(道)에 젖어[立] 공부함에 수사선도(守死善道) 하였으며, 사십에는 심성(心性)의 도(道)에 의혹이 없었으며, 오십에 자성(自性)을 밝히 알았다, 육십에는 동용주선(動容周旋) 가운데 칠정(七情)에 속지 않았으며, 칠십에는 마음가는대로 행하여도 칠정(七情)에 머무름이 없었다."

碧峙解

이 장(章)은 공자(孔子)께서 공부의 계위(階位)를 당신의 연세(年歲)에 기대어 말씀한 것이다. 그 연세에 그 경지에 이르렀다는 것이다. 공부계위를 밝힌 곳은 대학의 지정정명처(止靜淨明處)와 논어의 이순종심장(耳順從心章) 뿐이다. 지학(志學)은 지학어도(志學於道)요, 이립(而立)은 입경(立敬)이며, 경공부(敬工夫)에

들어선 것을 의미한다. 불혹(不惑)은 불혹심성(不惑心性)이요, 지천명(知天命)은 명성(明性)의 뜻이다. 이순(耳順)은 칠정(七情)이 일어나도 방해롭지 아니하여 소요(逍遙)하는 소무위(小無爲)의 경지요, 종심(從心)은 무사소요(無思逍遙)의 경지이다. 곧 사무사(思無邪)로 소요하는 대무위(大無爲)의 경지이다.

요산요수장 樂山樂水章

지자(知者)와 인자(仁者)

子曰 知者樂水요 仁者樂山이니 知者動하고 仁者靜하며 知者樂하고 仁者壽니라
자왈 지자요수 인자요산 지자동 인자정 지자낙 인자수

(論語 雍也)

공자(孔子)께서 말씀하였다. "지자(知者)는 물을 좋아하고 인자(仁者)는 산(山)을 좋아하며, 지자(知者)는 동(動)함이 있고 인자(仁者)는 정(靜)하며, 지자(知者)는 낙(樂)하고 인자(仁者)는 수(壽)니라."

碧峙解

지자(知者)는 다만 자성(自性)과 정(情)에 미혹(迷惑)하지 않은 현자(賢者)요, 인자(仁者)는 자성(自性)을 밝혀 무정(無情)으로 소요(逍遙)하는 지인(至人), 신인(神人) 등의 경지이다. 동(動)이란 칠정(七情)이 동(動)하는 것이요, 정(靜)은 칠정(七情)이 정(靜)한 것이다.

지자(知者)는 칠정(七情)이 환(幻)임을 통해(通解)하여 즐거워하나, 다만 칠정(七情) 속에서 칠정(七情)이 환(幻)임을 아는데

그친다.

인자(仁者)는 명성(明性)이후의 경지라, 드문드문 칠정(七情)을 지우며 자성(自性)에 맡겨 소요(逍遙)하나, 남은 칠정(七情)을 지움에 거처하므로 지인(至人)이라 한다. 칠정(七情)을 거의 지운 이를 신인(神人)이라 하며, 칠정(七情)이 없는 이를 성인(聖人)이라 한다.

수(水)는 동(動)이니 곧 정(情)이 동(動)함에 비유함이요, 산(山)은 부동(不動)이니 곧 대지(大智)에 비유한 것이다. 낙(樂)이란 처음 도(道)를 밝혀 기뻐함이요, 수(壽)란 뒤로 물러나서 누거(陋居)하며, 유무(有無)를 잊고 무정(無情)에 거처하므로 수(壽)라 한다.

지자(知者)의 지혜(智慧)는 지견(知見)이라 하고, 인자(仁者)의 지혜(智慧)는 대지(大智)라 한다.

공문(孔門)에서 명성(明性)의 경지에 이른 이는, 안회(顏回)와 증석(曾晳)과 중궁(仲弓,雍)이다. 이 가운데 안회(顏回)의 공부가 가장 높다. 자공(子貢), 자하(子夏), 유약(有若), 증삼(曾參) 등은 덕혜술지(德惠術知)로써 자성(自性)을 측지(測知)하는 소현(紹賢)들이다.

당(唐)의 이고(李翶), 왕유(王維)와 북송(北宋)의 장방평(張方

平), 소식(蘇軾), 장상영(張商英), 황정견(黃庭堅)과 명(明)의 왕수인(王守仁)과 조선(朝鮮)의 이이(李珥) 등이 인자(仁者)이다. 또한 북송(北宋)의 주돈이(周敦頤), 소옹(邵雍), 정호(程顥)와 남송(南宋)의 육구연(陸九淵)과 청(淸)의 옹방강(翁方綱)과 고려(高麗)의 정몽주(鄭夢周), 조선(朝鮮)의 조식(曺植)등은 지자(知者)에 속한다.

극기복례장 克己復禮章

성(性)을 회복(回復)하다

子曰 克己復禮爲仁이니 一日에 克己復禮면 天下가
자 왈 극 기 복 례 위 인 　 일 일 　 극 기 복 례 　 천 하

仁焉하리니라
인 언

(論語 安淵)

공자께서 말씀하였다. "자성(自性)을 밝혀 무사(無邪)의 진심(眞心)을 회복(回復)해야 인(仁)할 수 있는 것이다. 어느 날 자성(自性)을 회복하면 천하가 인(仁)이 아님이 없느니라."

碧峙解

극기복례(克己復禮)란 본래(本來)의 자성(自性)을 회복하여 일용(日用)에 도(道) 아님이 없음에 거니는 것이다. 극기복례(克己復禮)는 원시반종(原始反終)과 같은 뜻이다.

극기(克己)는 자성(自性)이 현현(顯現)하여, 종전(從前)의 정(情)이 환(幻)임 보아 환아(幻我)를 쉰다는 뜻이라, 곧 무아(無我)를 체득(體得)한 것이다. 그리하여 다시는 환(幻)에 속지 아니하는 것이다. 고로 환아(幻我)를 여의므로 무아(無我)라 한다. 환아(幻我)를 여의면 진아(眞我)로써 육합(六合)의 안팎에 무정(無情)으로 소요(逍遙)하는 것이다.

복례(復禮)란 본래(本來)의 자성(自性)을 회복함이다. 자성(自性)을 회복하면 도(道)가 현전(現前)하며, 도(道)가 현전(現前)함에 모든 행이 예(禮)에 알맞지 아니함이 없는 것이다. 그러므로 복례(復禮)라 이른다. 예(禮)는 소박(素朴)과 공경(恭敬)과 성성(惺惺)으로 모습을 이루는 것이다.

무위인장 無違仁章

전패(顚沛)에도 인(仁)하니라

君子無終食之間違仁이니 造次에 必於是하며 顚沛에도 必於是니라
군자무종식지간위인 조차 필어시 전패 필어시

(論語 里仁)

"군자(君子)는 밥 먹는 동안이라도 인(仁)에서 떠남이 없으니, 경황(驚惶) 중에도 반드시 인(仁)하며, 낭패를 당한 가운데서도 인(仁)하니라."

碧峙解

안회(顔回)가 깊은 삼매(三昧)로써 생활하며, 삼월(三月)을 인(仁)에 든 것을 공자께서 찬탄하지 않는가? 이 장(章)은 공자(孔子)께서 종심(從心)의 경지를 설한 것이다.

개오(開悟)하여 지도(知道)한 견처(見處)로는 인(仁)에 거처(居處)하는 것이 불가(不可)하다. 개오(開悟)는 지자(知者)의 지견(知見)일 따름이다.

인(仁)을 체득(體得)했다면 반드시 인(仁)을 지키는데 힘을 다해야 한다. 사이가 있으면[有間] 인(仁)이 숨는다. 경지가 여기에 미치지 않으면 아니면 이 말씀을 가늠할 수 없다. 그 사람이 아

니면 그 경지를 알 수 없는 것이다.

정주(程朱)는 이 경지를 알지 못한다. 알지 못하므로 그 해설이 곤궁(困窮)한 것이다. 군자(君子)란 인(仁)에 거처하는 지인(至人)이다.

공공무지장 空空無知章

성(性)은 공공(空空)하다

子曰 吾有知乎哉아 無知也로라 有鄙夫問於我하되
자왈 오유지호재 무지야 유비부문어아

空空如也로 我叩其兩端而竭焉하노라
공공여야 아고기양단이갈언

(論語 子罕)

공자(孔子)께서 말씀하였다. "내가 아는 것이 있는가! 나는 아는 것이 없다. 그러나 어떤 범부가 있어 나에게 물으면, 적연부동(寂然不動)의 지(智)로써 인심(人心)과 도심(道心)의 내용을 자세히 말해 준다."

碧峙解

공자(孔子)의 무지(無知)란 정(情)이 없는 진지(眞知)이다. 공공(空空)은 자성(自性)의 적연(寂然)함을 이른다. 양단(兩端)은 인심(人心)과 도심(道心) 즉 망심(妄心)과 진심(眞心)이다. 성인과 범부의 차별은 다만 지혜(智慧)에 미혹(迷惑)과 청정(淸淨)에 있다.

공자(孔子)께서 '내가 아는 것이 있는가! 나는 아는 것이 없다.'라 함은 정(情)의 지(知)가 없다고 하신 것이다. 공자(孔子)는 정(情)의 간섭 없는 진지(眞知)로써 답하고 가르치신 것이다. 그러므로 천연의 무지(無知)라야 바른 지혜(智慧)인 것이다.

진지(眞知)는 학습지(學習知)가 아니다. 진지(眞知)는 자족불학(自足不學)이요, 천연(天然)의 무루지(無漏智)이다. 맹자(孟子)는 진지(眞知)를 양지(良知)라 하였다.

여욕무언장 予欲無言章

말을 쉬고자 하노라

子曰 予欲無言하노라 子貢曰 子如不言이시면 則小子何述言이리잇고 子曰 天何言哉시리오 四時行焉하고 百物生焉하나니 天下焉哉시리오

자왈 여욕무언 자공왈 자여불언 칙소자 하술언 자왈 천하언재 사시행언 백물생언 천하언재

(論語 陽貨)

공자(孔子)께서 말씀하였다. "나는 말을 하지 않으련다." 자공(子貢)이 말하였다. "선생님께서 말씀하지 않으시면 저희들이 어찌 도(道)를 배워서 전하겠습니까?" 공자께서 말씀하였다. "허공(虛空)이 무슨 말을 하던가! 봄 여름 가을 겨울이 흐르고, 만물(萬物)이 나고 자람에 허공(虛空)이 무어라 하던가!"

碧峙解

공자(孔子)께서 무언(無言)하고자 하는 까닭이 무엇인가? 도(道)는 범부에게도 언설(言說) 이전에 이미 자족(自足)하여 불변(不變)이기 때문이다. 다만 범부의 환몽(幻夢)의 어두움을 깨뜨리면 곧 범부와 성인이 다르지 않은 것이다. 시경(詩經)에 이른다.

"무언(無言)의 도(道)에 나아가면, 시비선악(是非善惡)의 다툼이 없다."[주격무언(奏假無言)이면 시미유쟁(時靡有爭)이니라 = 進至無言이면 是無有爭이라]

지도(至道)는 언어도단(言語道斷)이며, 무한상주(無限常住)라, 허공(虛空)을 거두고, 청정광명(淸淨光明)을 나투는 겁(劫)밖의 소식이다. 중용(中庸)에 이른다.

"[성자(性者)는] 불면이중(不勉而中)하며 부사이득(不思而得)하며 종용중도(從容中道)하니라."

[自性은] 애쓰지 않아도 본래(本來)를 잃지 않으며,
[自性은] 생각하지 않아도 자족(自足)하며,
[自性은] 항상(恒常)하여 청정(淸淨)을 나투니라.

라 함도 언설(言說) 이전의 본래소식(本來消息)이요, 언설로 더 보태거나 뺄 수 없는 자성본연(自性本然)의 직설(直說)이다. 명성(明性)한 이는 언설(言說) 밖에 있으나, 세상과 세상 밖에도 속하지 않는 도리를 흔연(欣然)히 보이는 것이다. 이 도리는 오직 진심(眞心) 드밝힌 이 만이 거닐 수 있다. 무언(無言)의 가르침은 공자(孔子)의 드문 말씀이다. 도덕경(道德經)에 이른다.

"무위(無爲)의 사(事)에 거처(居處)하고, 불언(不言)의 교(敎)를 행(行)한다."[處無爲之事하고 行不言之敎니라]

노자(老子)가 무위(無爲)의 불언(不言)을 보인 곳이다. 무위불언(無爲不言)의 경지(境地)는 진실로 그 사람이 아니면 알 수 없는 것이다. 공자(孔子)께서 이른다.

"진실로 그 사람이 아니면, 도(道)가 행하지 못한다."[苟非其人이면 道不虛行이니라]

불령이행장 不令而行章

하고자 하지 않아도 행(行)하다

子曰 其身正이면 不令而行하고 其身不正이면 雖令不從이니라
(자왈 기신정 불령이행 기신부정 수령부종)

(論語 子路)

공자(孔子)께서 말씀하였다. "그 마음[身]이 바르면 하고자하지 않아도 행해지고, 그 마음[身]이 바르지 못하면 비록 하고자 해도 행해지지 아니한다."

碧峙解

기신정(其身正)은 그 마음이 바름이요, 마음이 바르다는 것은 진심(眞心)을 회복(回復)한 것이다. 불령이행(不令而行)은 하고자 하지 않아도 행함이니, 무사(無思)를 자득(自得)하여 본심(本心)으로 걸음마를 한 이후이다. 불령이행(不令而行)은 부사이득(不思而得)의 묘행(妙行)이다.

기신정불령이행(其身正不令而行)을 의해(義解)하면, 진심(眞心)이 현현(顯現)하여 정심(正心)을 이루면, 그 작용이 묘행(妙行) 아님이 없는지라, 하고자 하지 않아도 진심(眞心)의 묘행(妙行)이

드러난다이다.

진심(眞心)이 곧 청정각명(淸淨覺明)의 부사의지(不思議地)이다. 진심(眞心)은 본래로 불행이지불령이행(不行而至不令而行)하나 범부가 칠정에 가려진지라, 미혹하여 알지 못할 뿐이다. 청정각명(淸淨覺明)은 불변의 지혜(智慧)라, 사람사람이 자기의 청정각명(淸淨覺明)을 회복하면, 세상 속에서 드밝은 상천(上天)에 거니는 것이다.

군자삼외장 君子三畏章

천대성(天大聖)을 두려워 한다

孔子曰 君子有三畏하니 畏天命하며 畏大人하며 畏聖
공 자 왈 군 자 유 삼 외 외 천 명 외 대 인 외 성

人言이니라 小人은 不知天命而不畏也라 狎大人하며
인 언 소 인 부 지 천 명 이 불 외 야 압 대 인

侮聖人之言이니라
모 성 인 지 언

(季氏)

狎 : 업신여길 압 侮 : 깔볼 모

공자(孔子)께서 말씀하였다. "군자는 세 가지 두려워함이 있으니, 천명(天命)을 두려워하며, 대인(大人)을 두려워하며, 성인(聖人)의 말씀을 두려워한다. 소인(小人)은 천명(天命)을 알지 못하여 두려워하지 않으며, 대인(大人)을 업신여기며 성인(聖人)의 말씀을 깔보아 욕보인다."

碧峙解

군자(君子)는 자성(自性)의 대체(大體)를 알기에 두려워해야 할 바를 아는 것이다. 소인(小人)은 모습을 따라 세속(世俗)적 존숭(尊崇)과 두려움을 보이고, 칠정(七情)의 파도 따라 떠돈다. 이는 자성(自性)의 실상(實相)을 알지 못하고 칠정(七情)의 오욕(五欲)에 머무는 까닭이다.

군자가 두려워할 바에 두려워하는 것은 천리(天理)를 알기 때문이다. 천리(天理)란 자성(自性)의 실상(實相)이다. 자성(自性)을 알지 못하면, 허망한 칠정(七情)을 따라 온갖 모습에 기웃거리는 우치(愚癡)에서 벗어나지 못하는 것이다. 그 폐단은 산해와 같다. 소인(小人)은 명예와 겉모습이 초라한 대인(大人)을 업수이 여기고, 성인(聖人)의 가르침을 깔보며, 경박(輕薄)하게 처신하는 것이다.

공자(孔子)의 주론(主論)은 무신론(無神論)과 유심론(唯心論)과 평등론(平等論)이다. 그러나 둔유(鈍儒)는 유신론(有神論)과 계급(階級)과 명욕(名欲)을 따른다. 자로(子路)가 공자(孔子) 만년의 병을 보고 기도(祈禱)하려하니 공자(孔子)가 웃으며 만류하는 것이 그것이다. 공자(孔子)께서 범부가 곧 우주의 주인이며, 원시반종(原始反終)의 당체라 하시고, 연천(淵泉)의 도(道)를 이르시나 범부는 이해하지 못하는 것이다.

소인(小人)은 조물자(造物者)와 신(神)이란 개념이 관념(觀念)으로 지어진 허상(虛像)인 줄 알지 못한다. 그러기에 막연히 무엇에다 무슨 이익을 달라고 하소연하며 기대는 것이다.

군자(君子)는 청정각명(淸淨覺明)의 통찰력(洞察力)으로 있는 그대로를 있는 그대로 본다. 여기서 있는 그대로의 안목(眼目)은 무정(無情)의 정견(正見)이다. 그러므로 군자(君子)는 실상(實相)을 있는 그대로 보는 것이다. 군자의 보고 듣고 거니는 바는,

범부소인(凡夫小人)의 견해(見解)와 사유(思惟)로는 짐작하기 어려운 영역(領域)이라 하겠다.

일이관지장 一以貫之章

자성(自性)으로 꿰느니라

子曰 賜也아 女以予爲多學而識之者與아 對曰然하
자 왈 사 야 여 이 여 위 다 학 이 식 지 자 여 대 왈 연

이다 非與잇가 曰非也 予는 一以貫之니라
비 여 왈 비 야 여 일 이 관 지

(論語 衛靈公)

공자(孔子)께서 말씀하였다. "사(賜)야! 너는 내가 많이 배우고 그것을 기억하는 자라고 여기느냐?"하시자, 자공(子貢)이 대답하였다. "그렇습니다. 아닙니까?" 공자(孔子)께서 말씀하였다. "아니다. 나는 하나(自性)로써 만사(萬事)를 꿰느니라."

碧峙解

일이관지(一以貫之)의 일(一)은 자성(自性)을 가리킨다. 도(道)는 배워 아는 지식(知識)이 아니요, 다만 자기의 자성(自性)을 밝혀, 자성(自性)의 광명(光明)으로 행하는 경지(境地)이기에 불식(不識)이라 하는 것이다.

자성(自性)을 밝혀 자성(自性)의 광명(光明)으로 행하면, 자성(自性)으로 만사(萬事)를 꿰는 것이다. 그렇게 된 이후에 그러한 줄 알 뿐이다. 숙근(宿根)의 선비는 젊어서 흉중(胸中)에 의문이 그윽하여 때가 되면 스스로 공부를 찾아 즐거이 힘쓰는 것이다.

도(道)는 자성(自性)을 밝히는 공부이기에 공자(孔子)께서'누가 문(門)을 통하지 않고 밖으로 나갈 수 있는가?'하였다. 스스로 밝힌 연후에 만사(萬事)를 하나로 꿰는 것이다.

수사선도장 守死善道章

목숨 걸고 공부(工夫)하라

子曰 篤信好學하며 守死善道니라
자 왈 독 신 호 학 수 사 선 도

(論語 泰伯)

공자(孔子)께서 말씀하였다. "독실(篤實)히 도(道)를 믿고 공부하기를 좋아하며, 목숨 걸고 공부를 지켜 도(道)를 밝혀야 하니라"

碧峙解

맹자(孟子)가 이른다. "도(道)를 공부함에, 일찍 죽거나 늦게 죽거나에 한가지로 여기며, 마음을 닦아 자성(自性)이 밝아질 때까지 공부하는 것을 입명(立命)이라 한다."[孟子曰 夭壽에 不貳하여 修身以俟之는 所以立命也니라]

이는 맹자(孟子)가 입명(立命)이 곧 수사선도(守死善道)임을 설명한 것이다. 맹자가 공자의 삼십이립(三十而立)을 설해하여 입명(立命)이라하며, 입명(立命)이란 목숨 걸고 공부하는 것이라 한다.

불분불계장 不憤不啓章

분심(憤心)으로 서지 않으면

子曰 不憤이어든 不啓하며 不悱어든 不發하며 擧一隅에
자왈 불분 불계 불비 불발 거일우

不以三隅反이어든 則不復也니라
불이삼우반 칙불복야

(論語 述而)

憤 : 화낼 분 悱 : 화낼 비

공자(孔子)께서 말씀하였다. "온 힘을 다해 배우려하지 않으면 열어주지 않고, 일념(一念)으로 구하지 아니하면 말해주지 않으며, 한 귀퉁이를 들어주었는데 이로써 나머지 세 귀퉁이를 반증(反證)하지 못하면 다시 더 일러주지 않는다.

碧峙解

불분불계(不憤不啓)는 온 힘을 다해 배우려하지 않으면 열어주지 않으며, 스스로 인생의 근원에 대한 탐구의지가 없는 자에게 도(道)를 일러주는 것은 우이독경(牛耳讀經)과 같다는 말씀이요, 불비불발(不悱不發)은 일념(一念)으로 구하지 아니하면 말해주지 않고 수행방법과 도체(道體)는 그 때가 되어야 일러주는 것이라 함이요, 거일반삼불복(擧一反三不復)은 한 귀퉁이를 들어주었는데 이로써 나머지 세 귀퉁이를 반증(反證)하지 못하면 다시 더 일러주지 않는다는 말씀이다.

대저 중하사(中下士)는 도체(道體)와 대용(大用)을 일러주어도, 덕혜술지(德惠術知)에 머물며 진심(眞心)의 반조(返照)에 나아가지 못한다. 중하사(中下士)는 다만 문자지식(文字知識)에 만족하여, 소리와 모습을 따르는 까닭에 더 일러주지 않는 것이다.

경의직방장 敬義直方章

경(敬)으로 성(性)을 밝히고 -

直은 其正也요 方은 其義也니 君子는 敬以直內하고 義以方外니라 敬義立而德不孤하고 直方은 大하여 不習이라 無不利니 則不疑其所行也라.

(文言坤卦)

곧다는[直] 것은 자성(自性)의 밝음[바름]이요, 반듯하다는[方] 것은 자성(自性)이 두렷이 드러남[假有의 정情에 머문 바 없이 드러남] 이다. 군자는 경(敬)으로 자성(自性)에 계합(契合)하고, 자성(自性)의 적연부동지(寂然不動智)로서 작용에 반드시 하니라. 경(敬)과 의(義)가 하나로 서면 덕(德)이 우뚝하다. 자성(自性)이 곧음을 얻어, 자성(自性)이 반듯 드러남은 본연(本然)의 도(道)라 크다[大]고 하며, 학습(學習)하지 않아도 이롭지 않음이 없나니, 자성(自性) 그대로 행(行)하는 것을 의심할 바가 없다.

碧峙解

곧다[直]는 것은 자성(自性)에 정(情)의 가림이 없는 것이요, 반듯하다[方]는 것은 작용함에 자성(自性)이 온전히 드러나는 것이다. 군자는 경(敬)으로 수행하여, 필경에 자성(自性)에 계합하여, 자성의 적연부동지(寂然不動智)로써 동용주선(動容周旋)에 칠정(七情)의 가림이 없게 되는 것이다.

경(敬)으로 자성(自性)을 밝혀서 의(義)로써 일용(日用)하면 성덕(性德)이 우뚝하게 된다. 자성(自性)이 온전히 드러나면 무성무취(無聲無臭)의 적연부동지(寂然不動智)로써 세상 속에서 세상 밖에 거처하게 되므로 크다고 하는 것이다.

직방(直方)의 직(直)은 순성지심(純性之心)으로 일용(日用)하므로 곧다[直]고 하고, 방(方)은 반드시 함이니 순성지심(純性之心)의 곧음[直]을 일용(日用)의 모든 행처(行處)에 반드시 하므로 방(方)이라 한다. 또한 내(內)는 자성(自性)을 가리키고, 외(外)는 자성(自性)의 작용을 가리킨다. 부득이 내외(內外)의 설명을 두나 자성(自性)에 내외(內外)가 있는 것이 아니다.

불습(不習)이란 자성(自性)은 학습(學習)하여 밝히는 것이 아닌 까닭이다. 그러므로 본연(本然)의 자성(自性)을 회복(回復)하는 내용은, 불습(不習)의 자명지혜(自明智慧)인 것이다. 중용(中庸)에 이른다.

"자성(自性)은 드러내려 않아도 드러나 있고, 애쓰지 않아도 스스로 항상(恒常)한 자성(自性)이며, 함이 없이 만사(萬事)를 이루니라.[性은 不見而章하며 不勉而中하며 無爲而成이니라]"

자성(自性)의 불현이장(不見而章) 불면이중(不勉而中) 무위이성

(無爲而成)이 불습(不習)의 대의(大義)이다. 자성(自性)은 학습하여 고치거나 더할 수 없는 것이다. 공부란 다만 칠정(七情)을 쉬어 본연(本然)을 회복하는 것일 따름이다. 그러기에 불습(不習)이라 하는 것이다.

자성(自性)은 천연(天然)이다. 고로 개오(開悟)를 회복(回復)이라 한다. 직내(直內)가 아니면 밝힐 수 없으며, 성(誠)이 아니면 의방(義方)할 수 없다.

素王心說 終

황소도추론黃素道樞論

11章

황계(黃帝)와 기백(岐伯, [神農氏])이 도(道)를 말하다

군말 齣言

공자오처고설(孔子五處高說) 뒤에 황제(黃帝)의 황소도추론(黃素道樞論)을 부록(附錄)으로 붙인 우(愚)의 소견(所見)을 구루(劬陋)히 이른다. 공자(孔子)께서 상고(上古)하여 옛 인물을 거론(擧論)함은 드문 일이다. 그 거론(擧論)에 황제(黃帝), 요(堯), 순(舜), 문왕(文王), 주공(周公), 무왕(武王)이 있다. 이들은 모두가 도심(道心)을 열어, 자성(自性)의 내용(內容)을 드러내고, 무위(無爲)의 도(道)를 세워, 세상에 덕화(德化)를 넓힌 인물들이다.

요(堯), 순(舜) 등에 대하여는 문언(文言)과 논어(論語) 등에 보이나, 황제(黃帝)에 대해서는 계사(繫辭)에 황제요순수의상천하치(黃帝堯舜垂衣裳天下治)라는 말이 보일 따름이다. 수의상천하치(垂衣裳天下治)란 무위이치(無爲而治)의 다른 표현이다. 무위(無爲)란 이순(耳順)의 경지(境地)라야 입문(入門)하고, 종심(從心)의 경지(境地)가 되어야 비로소 그 가운데 설 수 있는 지극(至極)한 도(道)의 경지(境地)인 것이다. 공자(孔子)보다 이천년 전에 이루어진 소문(素問)은 의학(醫學)의 이론서(理論書)이다. 소문(素問)에 사람의 몸과 마음을 설명한다. 마음을 설명함에 도심(道心)과 인심(人心)을 설한다. 소문(素問)의 심설(心說)은 도체(道體)를 드러낸 고설(高說)이다. 공자(孔子) 이전은 도(道)와 도설(道說)만

있고 유가(儒家) 도가(道家)의 분화(分化) 있기 전이니 황제(黃帝)의 말씀이 곧 도체(道體)가 되는 것이다. 고로 우(愚)가 황제(黃帝)의 심설(心說) 십일목(十一目)을 추초(抽抄)하였다.

碧峙病叟 識

황소도추론서黃素道樞論序

황제(皇帝)는 기원전 4600년경에 황하하류(黃河下流) 희수(姬水) 근처에서 태어났으며 중화(中華)의 인문초조(人文初祖)라 칭한다. 황제의 성(姓)은 희씨(姬氏), 유웅씨(有熊氏) 등 이다. 황제내경(黃帝內經) 소문(素問)의 내용은 도설(道說)에 기반하여 범부(凡夫)의 병(病)을 밝히고 그 치방(治方)을 보였다. 그 의교(醫教)의 근간(根幹)이 노자(老子)의 상교(上教)와 공자(孔子)의 본의(本意)와 다르지 아니함을 보게 된다면 황제의 도(道)를 만나게 될 것이다. 황제의 도(道)는 청정광명(清淨光明)의 염담허무(恬憺虛無)에 거처하고, 노자(老子)의 상교(上教)는 불언무위(不言無爲)에 있으며, 공자(孔子)의 본의(本意)는 무사무위(無思無爲)이다. 황제와 노자와 공자가 그 치방(治方)의 언어(言語)가 같지 않으나, 오직 하나의 도(道)를 시절(時節)과 문(門)을 달리하여 범부를 깨우치려한 것에 다름 아니다. 만약 배우는 이가 이 뜻을 온전히 가져간다면 선성(先聖)의 뒤를 따르는 사람이라 하겠다.

황소도추론(黃素道樞論)은 소문(素問)의 도설(道說)을 가려 뽑았다. 대개 내경(內經)을 읽으나 소문(素問)에 지도(至道)의 묘리(妙理)가 있음을 알지 못한다. 학자(學者)가 선성(先聖)의 고설(高說)을 배워 자기의 성(性)을 회복한다면 곧 일세(一世)의 반월(半

月)이 되리라. 황소도추론(黃素道樞論)의 본지(本旨)는 범부가 자성(自性)을 회복(回復)하는 실마리를 열고자 함에 있다.

碧峙病叟

청정광명장 淸淨光明章

黃帝曰, 天氣는 淸淨光明者也라 藏德不止故로 不
황 제 왈 천 기 청 정 광 명 자 야 장 덕 부 지 고 불

下也니라 天明則日月이요 不明하면 邪害空竅니라
하 야 천 명 즉 일 월 불 명 사 해 공 규

(四氣調神大論)

천기(天氣)**는 청정광명**(淸淨光明)**이라, 그 장덕**(藏德)**은 그치지 아니하므로 불하**(不下)**니라. 천**(天)**이 밝으면 일월**(日月)**같으며, 천**(天)**이 어두우면 허사적풍**(虛邪賊風)**이 공규**(空竅)**를 해**(害)**하니라.**

碧峙解

천(天)이란 성(性)이다. 천성(天性)의 기(氣)는 청정광명(淸淨光明)이다. 천성(天性)의 장덕(藏德)은 무시무종(無始無終)하여 그치지 않으므로 없어지지 아니한다. 성(性)의 밝음은 일월(日月)과 같으나, 칠정(七情)의 삿됨이 어지러이 일어나면 허공(虛空)에 먹구름이 가리듯 천성(天性)이 칠정(七情)에 가려져 어두운 것이다.

窃看

청정광명(淸淨光明)은 성(性)의 대기본명(大機本明)이며 자연성

(自然性)이요, 무위(無爲)란 성(性)의 천연작용(天然作用)이다. 무위(無爲)는 무심(無心)의 대용(大用)을 가리키는 말이다. 무심(無心)이란 마음에 칠정(七情)의 인심(人心)이 없다는 뜻이요, 도심(道心)이 없다는 것이 아니다. 도심(道心)은 사람의 본래 마음 곧 성(性)이다. 성(性)의 무위대용(無爲大用)을 나투려면 먼저 자기의 성(性)을 밝혀 정념(情念)의 미혹(迷惑)에서 벗어나야 하는 것이다. 범부란 자기의 성(性)에 미혹(迷惑)하므로 그 이름이 미혹범부(迷惑凡夫)인 것이다.

황제(黃帝)는 인심(人心)을 허사적풍(虛邪賊風)이라 하고, 공자(孔子)는 거짓 나타난 마음[僞情]이라 하며, 노자(老子)는 허상(虛像)이라 하고, 석가(釋迦)는 전도몽상(顚倒夢想)이라 한다. 성인(聖人) 모두가 인심(人心)을 허망한 환(幻)이라 이르는 것이다.

이 요목(要目)을 간과하는 학자(學者)라면 더 볼 것이 없다고 하겠다. 성인(聖人)은 동용주선(動容周旋)과 어묵동정(語默動靜)에 오직 성(性)으로 행하므로 무위(無爲)라 한다. 박학(博學)의 학자(學者)라도 스스로의 성(性)을 밝히지 못했다면, 성인(聖人)의 덕혜(德慧)를 술지(術智)로 해석하여 상념(想念)을 보태는 둔근범부(鈍根凡夫)에 머무를 따름이다.

注

* 천기天氣 : 천성(天性), 성(性)의 무형무적(無形無迹)의 실(實)을 형용하여 천기(天氣)라 함.

* 장덕藏德 : 명덕(明德). 성(性)의 대용(大用)을 형용하여 덕(德)이라 함.
* 공규空竅 : 허공(虛空). 성(性)을 빈 허공(虛空)에 비유.
* 허사적풍虛邪賊風 : 인심(人心), 칠정(七情). 망상심(妄想心).

천기통신장 天氣通神章

黃帝曰, 蒼天之氣가 淸淨則志意治하고 順之則陽
황 제 왈 창 천 지 기 청 정 즉 지 의 치 순 지 즉 양

氣固하야 誰有邪賊이나 弗能害也니 此는 因時之序니라
기 고 수 유 사 적 불 능 해 야 차 인 시 지 서

故로 聖人은 搏精神하야 服天氣而通神明하나니 失之
고 성 인 박 정 신 복 천 기 이 통 신 명 실 지

則內閉九竅하고 外壅肌肉하야 衛氣散解하나니 此謂
즉 내 폐 구 규 외 옹 기 육 위 기 산 해 차 위

自傷이니 氣之削也라
자 상 기 지 삭 야

(生氣通天論)

황제(黃帝)가 이른다. 창천(蒼天)의 기(氣)가 청정(淸淨)한 즉 지의(志意)가 다스려지고, 청정(淸淨)에 순응(順應)하면 양기(陽氣)가 온전하다. 비록 허사적풍(虛邪賊風)이 일어도 해(害)하지 못하나니 이는 시(時)의 서(序)에 인(因)함이다. 고로 성인은 정신(精神)을 박(搏)하고 천기(天氣)를 복(服)하여 신명(神明)에 통한다. 청정(淸淨)을 실(失)하면 안으로 구규(九竅)를 폐(閉)하고, 밖으로 기륙(肌肉)을 옹(壅)하여 위기(衛氣)가 산해(散解)하나니, 이를 일러 자상(自傷)이라, 기(氣)를 삭(削)함이다.

碧峙解

창천(蒼天)의 기(氣)가 청정(淸淨)하면 뜻이 올곧게 다스려지고, 천성(天性)의 청정(淸淨)에 순응(順應)하면 양기(陽氣)가 온전해진다. 비록 허사적풍(虛邪賊風)이 일어나도 해(害)하지 못하나니 이는 허사적풍(虛邪賊風)이 일어나는 때에 그 단서(端緖)를 알기 때문이다. 그러므로 성인은 정신(精神)을 밝혀 지키고, 천기(天氣)를 품어 신명(神明)에 통한다. 청정(淸淨)을 잃으면 안으로 구규(九竅)가 닫히고, 밖으로 기륙(肌肉)이 막혀서 위기(衛氣)가 흩어지나니, 이를 일러 자상(自傷)이라 하는데, 기(氣)가 깍여 약해지는 것이다.

窃看

창천(蒼天)의 기(氣)란 성(性)의 천연성(天然性)이다. 천연(天然)의 기(氣)를 회복하면 청정(淸淨)이 온전히 드러난다. 그러나 개오(開悟) 이후에도 오랜 습정(習情)의 허사적풍(虛邪賊風)이 일어난다. 개오(開悟) 이후의 공부는 성(性)을 성성(惺惺)하게 지키는데 있다. 성(性)을 성성(惺惺)하게 지키기에 힘쓰면 허사적풍(虛邪賊風)이 일어나도 허사적풍(虛邪賊風)에 방해롭지 아니한 것이다. 그러나 수성(守性)의 공부에 게으려면 퇴굴(退屈)하기 쉽다. 개오(開悟)란 지천명(知天命)의 경지를 가리킨다. 성성(惺惺)의 공부에 거닌 연후에 이 도리에 밝아진다. 성(性)을 회복한 이후에도 허사적풍(虛邪賊風)이 그치지 아니하는 까닭은 다만 오래된 정습(情習) 때문이다. 달사(達士)와 아현(亞賢)의 공부는 다만 성성(惺惺)에 있다. 다른 공부가 있는 것이 아니다.

성성(惺惺)의 처음은 지천명(知天命)이요, 다음 경지는 이순(耳順)과 종심(從心)이다. 지천명(知天命)은 선가(禪家)의 견성(見性)에 해당하는 경지이다. 장자(莊子) 덕충부(德充符)에 이른다.

"사생(死生)과 부귀(富貴) 등의 변화는 천화(天和)의 덕(德)을 어지럽히지 못하고, 도심(道心)에 끼어 들 수 없다. 도심(道心)을 회복하면 상락(常樂)을 잃지 않으며, 밤낮으로 항상하게 싱그러운 봄기운이다."

진기종지장 眞氣從之章

岐伯曰, 夫上古聖人之教下也에 皆謂之虛邪賊風을 避之有時하고 恬憺虛無하여 眞氣從之하면 精神內守니 病安從來리오

(上古天眞論)

상고(上古) 성인(聖人)의 가르침에 이른다. "허사적풍(虛邪賊風)을 피(避)하고, 염담허무(恬憺虛無)하여 진기(眞氣)가 종지(從之)하면 정신(精神)이 내수(內守)거니 병(病)이 어디로 오겠는가?"

碧峙解

상고(上古) 성인의 가르침에 이른다. "허사적풍(虛邪賊風)을 쉬어, 염담허무(恬憺虛無)에 거처하면 진기(眞氣)가 종지(從之)한다. 이러한 경지에 이르면 정신(精神)의 성성(惺惺)함을 지킬 수 있다. 정신(精神)의 성성(惺惺)을 지킨다면 병(病)이 어디로 오겠는가?"

窃看

피지(避之)는 휴지(休之)와 통한다. 대저 병(病)은 허사적풍(虛邪賊風)의 망심(妄心)으로 좇아온다. 만약 허사적풍(虛邪賊風)의

망심(妄心)이 전도(顚倒)된 상념(想念)으로 일어난 것을 깨치게 되면 이미 병(病)은 없는 것이다. 다만 몸은 늙어 멸(滅)하는 시절인연(時節因緣)을 따를 뿐이다. 이 가운데 사생(死生)의 본원(本源)이 있나니, 오직 칠정(七情)을 쉬어 성(性)이 현전(現前)한 연후에 스스로 알게 되는 것이다.

사생지본장 死生之本章

陰陽者는 萬物之始終也요, 死生之本也니라.
음 양 자　만 물 지 시 종 야　사 생 지 본 야

(四氣調神大論)

음양(陰陽)이란 만물(萬物)의 종시(終始)이며 사생(死生)의 본(本)이니라.

碧峙解

비록 음양(陰陽)이란 이름을 두나 음양(陰陽)이 생겨난 때가 없으므로 만물(萬物)의 종시(終始)라 하고, 사생(死生)을 음양(陰陽)이라 하나, 도심(道心)은 사생(死生)의 밖에 적연부동(寂然不動)으로 염담허무(恬憺虛無)하므로 음양(陰陽)이 사생(死生)의 본(本)이라 한다.

窃看

음양(陰陽)이란 동정(動靜)의 작용이다. 동정(動靜)의 작용을 두므로 만물(萬物)의 종시(終始)와 사생(死生)이 나타난다. 음양(陰陽)을 부리는 자가 도심(道心) 즉 마음이다. 마음이 도심(道心)에 거처하면 밖으로 동정(動靜)의 작용을 두어도 음양(陰陽)을 함이 없이 부리는 까닭에 사생(死生)과 종시(終始)에 속하지 아니한다. 그러나 범부(凡夫)의 안목에는 사생(死生)과 종시(終始)가 생(生)하는 것이다. 이것이 범부가 풀어야할 인생의 숙제(宿題)이다. 도심(道心)에는 본래 사생(死生)이 없으나, 범부가 정견(情見)을 두므로 사생(死生)의 관념(觀念)이 생겨난 것이다. 그러므로 음양(陰陽)이 사생(死生)의 근본(根本)이라 하였다.

무유종시장 無有終始章

黃帝曰 余聞上古에 有眞人者하니 提挈天地하고 把
황제왈 여문상고 유진인자 제설천지 파

握陰陽하며 呼吸精氣하고 獨立守神하나니 肌肉若一이
악음양 호흡정기 독립수신 기육약일

라 故로 能壽蔽天地하여 無有終始니 此其道生이니라
고 능수폐천지 무유종시 차기도생

(上古天眞論)

황제(黃帝)가 이른다. "내가 듣건대 상고(上古)에 진인(眞人)이 있어 천지(天地)를 제설(提挈)하고, 음양(陰陽)을 파악(把握)하여, 정기(精氣)를 호흡(呼吸)하며, 홀로 우뚝하여 정신(精神)을 지키나니 심신(心身)이 일여(一如)하여서 수(壽)가 천지를 덮어 종시(終始)가 있지 않았다. 이는 도(道)가 온전한 삶이다.

碧峙解

상고(上古)에 대각진인(大覺眞人)이 있어 천지(天地)를 티끌로 여기고, 주야(晝夜)와 어묵동정(語默動靜)에 도심(道心)이 한결[一如]같으며, 해맑은 정기(精氣)를 호흡(呼吸)하나니, 홀로 우뚝하여 정신(精神, [道心])을 지킨다. 그 지킴이 무수지수(無守之守)요, 그 수(壽)가 천지(天地) 밖이라, 종시(終始)가 있지 아니하다. 이는 도(道)가 온전한 삶이다.

窃看

내경(內經) 상고천진론(上古天眞論)에 진인(眞人), 지인(至人), 성인(聖人), 현인(賢人)을 설명한다. 진인(眞人)은 도생(道生)이요, 지인(至人)은 세속(世俗)을 잊고 정(精)을 적(積)하고 신(神)을 온전히 하는 이요, 성인(聖人)은 천지(天地)의 화(和)에 처(處)하고 행(行)은 세(世)를 떠나고자 아니하되 염담(恬憺)을 자득(自得)하여 정신(精神)이 산(散)하지 않음이요, 현인(賢人)은 천지를 법칙하고 음양(陰陽)을 혹역혹종(惑逆惑從)하며 상고를 따라 도(道)에 합동(合同)하려한다고 한다. 황제가 세상의 스승이 되는 이를 가름하여 이른 것이다.

대저 도(道)를 배워 행함이 있더라도 도동이부재(道同而不齋)라, 견처(見處)와 경지(境地)가 다르면 언(言)과 행(行)에 다르게 나타난다. 이는 자품(資品)의 일이라 부득이(不得已)한 것이다. 스스로 미명(未明)을 아는 이는 세상(世上)에서 한발 물러나 깊은 경지(境地)를 구하나, 약간의 말을 아는 자는 자대자시(自大自是)하여 세상의 스승이고자 한다. 예나 지금이나 이것이 걱정거리이다.

정(精) 기(氣) 신(神)은 황제(黃帝)의 말이다. 뒷날의 도가(道家)에서 인용하나 대개 그 문자(文字)를 취해 세 갈래를 둔다. 그러나 정(精) 기(氣) 신(神)은 성(性)을 삼처(三處)에서 설명한 것이다.

만약 無有終始章의 '呼吸精氣 獨立守神'에서 정(精)과 신(神)을

다른 것으로 본다면 황제(黃帝)의 본의를 벗어난 견해이다. 정(精)이란 성(性)의 청정광명(淸淨光明)이요, 기(氣)는 성(性)의 용모(用貌)요, 신(神)은 성(性)의 영지(靈知)이다. 성(性)은 무형무적(無形無迹)이라, 범부는 풀어서 설명하면 그 말을 취하고, 간명(簡明)히 드러내면 그 본지(本旨)를 알지 못해 구구(區區)한 억측(臆測)을 만들어낸다. 그 억측이 천선지가(千仙之家)를 이루어 지금 세상에 유행(流行)하는 것이다.

선언천고장 善言天古章

善言天者는 必有驗於人하고 善言古者는 必有合於
선언천자 필유험어인 선언고자 필유합어
今하며 善言人者는 必有厭於己라
금 선언인자 필유염어기

(擧痛論)

천(天)을 잘 말하는 이는 반드시 사람에게서 징험(徵驗)하고, 고(古)를 잘 말하는 이는 반드시 금(今)에 합하며, 인(人)을 잘 말하는 이는 반드시 자기에게서 허물을 찾느니라.

碧峙解

천(天)을 밝히 말하는 이는 사람에게서 징험(徵驗)한 바요, 고도(古道)를 밝히 말하는 이는 금도(今道)에 합(合)한 바요, 인(人)을 밝히 말하는 이는 자기(自己)의 허물을 보아 올곧게 한다.

竊看

천(天)을 밝히 말하는 이는 반드시 사람에게서 징험(徵驗)하여 자증(自證)하고, 고도(古道)를 밝히 말하는 이는 반드시 금도(今道)에 합(合)하며, 인(人)을 밝히 말하는 이는 반드시 스스로의 정념(情念)이 허사적풍(虛邪敵風)임을 보아 허물을 바르게 한다.

장자(莊子)가 말한다.

"만세(萬歲) 뒤라도 이 도(道)를 가르치는 스승을 만나, 듣고 배워 밝히는 이는 오히려 빠르다"

지도은미장 至道隱微章

至道在微하고 變化無窮하나니 孰知歸原이리오
지도재미 변화무궁 숙지귀원

(靈蘭秘典章)

지도(至道)는 은미(隱微)하고 변화(變化)가 무궁(無窮)하나니, 누가 그 근원(根源)을 알겠는가?

碧峙解

지극한 도(道)는 모습이 없어 은미(隱微)하여, 그 변화(變化)가 무궁(無窮)하나니 누가 있어 그 근원(根源)을 드러내겠는가?

窃看

대개의 부운객(浮雲客)이 나아가고 거둘 바를 알지 못해, 망연(茫然)히 봄바람과 가을 달과 저녁노을과 스산한 바람에 몸을 맡기고, 얇은 소견(所見)을 담아 시(詩)와 넋두리를 건들 지어 문집(文集)을 꾸민다. 그 뒷사람은 외람되이 여겨 힐평(詰評)하지 못하고 맹목적으로 존숭한다. 살피건대 인간사에 부질없는 억견(臆見)의 잡언(雜言)들이 책과 책, 또 책을 이루어 얼마나 많은 사람의 눈을 가리고 귀를 어지럽혔는가?

만약 세재(世才)가 스스로 부끄러워할 줄 안다면 자신의 본원

(本源)을 돌이켜 보아야 할 것이다. 그리고 성인(聖人)을 배워 본원(本源)을 밝혀야 할 것이다. 옛사람이 숙지귀원(孰知歸原)?이라 한 뜻에 반조(返照)해야 한다.

지도(至道)가 은미(隱微)하다는 말은 지극한 도(道)가 모습 없이 만사(萬事)에 형통(亨通)하는 것을 가리킨다. 정념(情念)에 가리운 범부는 성(性)의 은미(隱微)를 알지 못하는 것이다. 만사(萬事)란 어묵동정(語默動靜)과 동용주선(動容周旋)이다. 도(道)란 성(性)을 이른다. 지극한 도(道)가 사람마다에 본래로 갖추어 있으나, 범부가 미혹(迷惑)하여 알지 못하는 것이다.

그러므로 요순(堯舜)과 공자(孔子)가 "인심유위(人心有危) 도심은미(道心隱微)"라는 종지(宗旨)를 세워 도(道)를 설하여 범부를 깨우치고자 한 것이다. 공자는 그 공부 방법에 수사선도(守死善道)와 윤집궐중(允執闕中)을 이르고, 그 내용은 "경이직내(敬以直內) 의이방외(義以方外)"라 하였다. 직내(直內)란 선가(禪家)의 직지인심(直指人心)과 통하고, 방외(方外)란 세상의 바깥을 의미한다. 그러므로 세상의 바깥이란 세상 속에서 세상을 여의고 소요(逍遙)하는 것이다.

노자(老子)는 성(性)을 곡신(谷神)에 비유하여, 은미(隱微)와 대기대용(大機大用)과 불사지수(不死之壽)를 설명하였다. 또한 초지(初志)에 소박(素朴)과 무욕(無欲)을 이르며, 지도(知道) 이후에 무심(無心)하여 무위(無爲)의 소박(素朴)을 행할 수 있다고 하였다.

비록 성인(聖人)의 말씀이 진실(眞實)하고 간곡(懇曲)하나, 범부는 눈앞의 이(利)를 따라 허둥대며 정념(情念)의 노리개로 살아간다. 어찌 슬프지 아니한가? 그런 까닭에 "지도(至道)는 은미(隱微)하고 변화가 무궁하나니 누가 그 근원(根源)을 알겠는가?"라 하신 것이다.

부운심연장 浮雲深淵章

天之道也여 如迎浮雲하며 若視深淵이로다 視深淵은
천지도야 여영부운 약시심연 시심연

尙可測이나 迎浮雲은 莫之其極이로다
상가측 영부운 막지기극

(六微旨大論)

천도(天道)여! 부운(浮雲)을 맞이하는 것 같고, 심연(深淵)을 보는 것 같도다. 심연(深淵)은 오히려 헤아릴 수 있으나, 부운(浮雲)을 맞이함에 그 극(極)을 알 수 없도다.

碧峙解

천도(天道)는 뜬 구름을 맞이하는 것 같고, 깊은 못을 보는 것 같다. 깊은 못은 오히려 헤아릴 수 있으나, 뜬 구름을 맞이함에 그 극(極)을 알 수 없듯 천도(天道)는 생각으로 헤아림 밖에 있는 것이다.

窃看

천도(天道)란 곧 사람의 도(道)요, 사람의 도(道)는 자기의 성(性)을 밝히면 밝게 알 수 있다. 그러나 범부들은 세사(世事)의 명예(名譽)와 탐욕(貪欲)을 좋아하여 떠나지 못하기에 천도(天道)를 먼 데 있는 것으로 여긴다.

불생불화장 不生不化章

帝曰 有不生不化乎아 岐伯曰, 與道合同은 有眞人也니다.
제왈 유불생불화호 기백왈 여도합동 유진인 야

(六微旨大論)

황제(黃帝)가 말한다. "생(生)하지 않고, 화(化)하지 않을 수 있는가?" 기백(岐伯)이 답한다. "도(道)에 합동(合同)한 이는 오직 진인(眞人)입니다."

碧峙解

생(生)하지 않고 멸(滅)하지 않을 수 있는 이는 오직 진인(眞人)이다. 범부라도 도(道)에 합동(合同)하면 심신(心身)의 생멸(生滅)에서 벗어나는 것이다. 도(道)에 합동(合同)한 이의 이름이 진인(眞人)이다.

窃看

도(道)에 합동(合同)하는 내용이 무엇인가? 칠정(七情)의 인심(人心)을 쉬어 도심(道心)을 회복(回復)하는 것이다. 본래(本來)를 회복하나, 회복하면 회복이라 하지 않고 본래를 본래라 하지 아니한다. 천도(天道)는 불변하여 만고(萬古)에 적연부동(寂然不動)

이기 때문에 회복을 회복이라 하지 않고. 본래의 내용이 당금의 자성(自性)이기에 본래를 본래라 하지 아니하는 것이다. 무릇 모습 있는 것은 나타났다가 반드시 사라진다. 그러하기에 해와 달과 별과 은하계도 한 때의 모습에 불과함을 알 수 있다. 도심(道心)을 회복(回復)하면 자기가 영생불사(永生不死)하는 우주(宇宙)의 주인(主人)임을 자각(自覺)하게 되는 것이다. 당장에 도심(道心)이 적연부동(寂然不動)이면 이미 생멸(生滅)을 벗어난 것이다. 장자(莊子)의 대종사(大宗師)에 진인(眞人)을 가리켜 이른다. "천(天)이 하는 바를 알며 사람이 하는 바를 알면 도(道)에 지극한 것이다. 그런데 내가 말하는 하늘이 사람이 아닌지, 내가 말하는 사람이 하늘이 아닌지 어찌 알 수 있겠는가?" 도심(道心)을 밝히는 공부(工夫)는 해맑은 이가 행(行)하고, 굳센 이가 나아가며, 필경에 정념(情念)을 쉬어 성성(惺惺)한 이가 자득(自得)한다. 자득하여 성성적적(惺惺寂寂)한 이를 그 사람이라 하고, 성성적적(惺惺寂寂)한 그 사람이라야 도(道)를 설명함에 허물이 없는 것이다. 그러므로 계사(繫辭)에 "참으로 그 사람이 아니면 도가 행해지지 않는다.[苟非其人 道不虛行]"고 하였다.

도심(道心)은 무형무적(無形無迹)이면서 늘 비추우며 고요하고, 고요하며 비추운다. 도심(道心)의 다른 이름이 성(性)이요, 영지(靈知)이다. 도심(道心)의 설명에는 늘 한계가 따른다. 무형무적(無形無迹)의 영지(靈知)를 설명함에는 부득이 언어(言語)에 기대야하고, 그 내용은 언어(言語) 밖의 실상(實相)을 가리키나 언제나 설명이 부족하다. 그 부족한 부분은 도(道)를 밝힌 스승에게서 구해서 채워야 하는 것이다. 만약 밝은 큰 스승과 마주한다면 무루(無漏)의 큰 기쁨과 소득이 있을 것이다.

세재(世才)가 불망념지(不忘念知)로 만권독서(萬卷讀書)라도 세욕(世欲)에 젖으면, 가까이에 스승이 있어도 보지 못하고 배우지 못한다. 그러나 숙세청행자(宿世淸行者)는 비록 산골에 은거(隱居)하더라도 옛을 사숙(私淑)하여 도(道)에 밝게 되리라.

신용무방장 神用無方章

物生을 謂之化오 物極을 謂之變이오 陰陽不測을 謂之
물생 위지화 물극 위지변 음양불측 위지

神이오 神用無方을 謂之聖이라
신 신용무방 위지성

(天元紀大論)

물(物)이 생(生)함을 화(化)라 하고, 물(物)이 극(極)함을 변(變)이라 하며, 음양(陰陽)의 작용이 불측(不測)함을 신(神)이라 하며, 신(神)의 작용에 방소(方所)가 없음을 성(聖)이라 한다.

碧峙解

정(情)이 생(生)함을 화(化)라 하고, 정(情)이 극(極)하여 성(性)이 드러남을 변(變)이라 하며, 동정(動靜)의 체(體)가 적(寂)하여 상조(常照)함이 불측(不測)이라 그 당체를 영지(靈知)라 하며, 영지(靈知)의 작용에 방소(方所)가 없음을 성(聖)이라 한다.

窃看

지극한 도(道)에 거처하는 이란 인심(人心)이 몽환(夢幻)인줄 알아서 도심(道心)으로 소요(逍遙)하는 이를 가리킨다. 정(情)은 인심(人心)이요, 성(性)은 도심(道心)이다. 만약 정(情)을 부리는 성(性)을 관(觀)하여 무형(無形)의 실(實)에 합하고자 묵연(默然)

히 집중(執中)하는 이라면 자기 속에 스승이 있는 것이다. 노자(老子)와 장자(莊子)가 이러한 자명고류(自明高類)의 대종사(大宗師)이다.

중용(中庸)에 음양불측(陰陽不測)을 생물불측(生物不測)으로 설명한다. "천지(天地)의 도(道)는 한마디로 말할 수 있다. 그 마음[物]은 둘이 아니다. [다만] 그 마음을 내는 바를 헤아려 볼 수 없는 것이다.[天地之道는 可一言而盡也니 其爲物이 不貳라 則其生物이 不測이니라]" 천지의 도(道)란 오직 하나의 마음일 뿐이라 한다. 범부가 미혹하여 인심(人心)과 도심(道心)을 두는 것이다. 공부(工夫)란 인심(人心)이 착식(錯識)으로 인하여 나타난 환(幻)임을 깨치는데 있다. 깨치면 도심(道心)만이 만고(萬古)에 두렷한 것이다. 그러므로 성인께서 본래의 마음을 회복하라고 하는 것이다.

노자(老子) 도기장(道紀章)에 이른다. "그[性] 위에 밝음이 없으며 그 아래에 어두움도 없다. 면면히 이어져 이름 붙일 수 없으나 염담허무(恬憺虛無)를 회복한다. 이를 모양이 없는 모양[無狀之狀]이라 하고, 모습 없는 형상[無物之象]이라 한다."

도기장(道紀章)에 또 이른다. "보려 해도 볼 수 없으므로 이(夷, [멸하다])라 하고, 들으려 해도 듣지 못하므로 희(希, [드물다])라 하며, 잡으려 해도 얻지 못하므로 미(微, [숨다])라 부른다. 이 셋은 생각과 지식으로 따져서 밝힐 수 없다. 그 실(實)은 혼돈(混沌)이면서 하나이다.[視之不見名曰夷요 聽之不聞名曰希이며 搏之

不得名曰微라 此三者不可致詰이니 故混而爲一이니라]"

예기(禮記) 곡례(曲禮)에 "소리 없는 데서 듣고, 모습 없는 데서 본다.[聽於無聲이요 視於無形이라]"라 이른다. 소문, 노자, 중용, 예기 등에 성(性)과 그 영지(靈知)를 가리키고 설명한다. 누가 여기에 의문(疑問)할 것인가?

무위염담장 無爲恬憺章

聖人은 爲無爲之事하고 樂恬憺之能하여 從欲快志於虛無라 故로 壽命이 無窮하여 與天地終하나니 此는 聖人之治身也라

(성인 위무위지사 낙념담지능 종욕쾌지어허무 고 수명 무궁 여천지종 차 성인지치신야)

(陰陽應象大論)

성인(聖人)은 무위(無爲)로써 행사(行事)하고, 염담(恬憺)으로 상락(常樂)하여 거닐며, 하고자 함에 허무(虛無)로써 쾌지(快志)를 따르나니, 고로 수명(壽命)이 무궁하여 천지와 함께한다. 이는 성인의 치신(治身)이다.

碧峙解

성인(聖人)은 성(性)으로 행(行)하나니, 그 행(行)이 허공(虛空) 같아 무위(無爲)라 하고, 무위(無爲)의 행은 고요하고 편안하여 염담(恬憺)이라 이름하며, 무위(無爲)의 행에 정념(情念)이 없으므로 허무(虛無)라 한다. 성(性)은 무시무종(無始無終)하여 불생불멸(不生不滅)하므로 그 수명(壽命)이 무궁하여 천지와 함께한다고 하는 것이다. 천하에 지극한 도(道)가 아니면 누가 여기에 참여하겠는가?

窃看

노자(老子)가 성(性)을 곡신(谷神)에 비유하여 이른다. "골짜기의 허공(虛空)은 영명(靈明)하여 사생(死生) 밖에 있나니, 이것을 현빈(玄牝)이라 한다.[谷神不死 是謂玄牝]" 현빈(玄牝)이란 현묘(玄妙)한 골짜기 허공을 의미한다. 고로 현빈(玄牝)은 무형무적(無形無迹)의 영지(靈知)를 가리키는 것이다. 영지(靈知)를 밝히면 무위(無爲), 염담(恬憺), 허무(虛無), 수명(壽命)의 뜻을 절로 안다. 무위(無爲), 염담(恬憺), 허무(虛無), 수명(壽命)은 공적영지(空寂靈知)의 내용이다.

노자(老子) 처무위장(處無爲章)에 이른다. "성인은 무위(無爲)에 거처하며 불언(不言)의 가르침을 행한다.[聖人은 處無爲之事하고 行不言之教니라]" 또 이른다. "성인은 종일 행하여도 염담허무(恬憺虛無)를 떠나지 않으며, 비록 영화로운 곳에 있어도 한가로이 거처하여 초연(超然)하다.[聖人終日行에 不離輜重하며 誰有榮觀이나 燕處超然이니라]" 또 이른다. "염담(恬憺)으로 으뜸을 삼는다.[恬憺爲上]"

성인(聖人)은 염담(恬憺)과 무위(無爲)로써 도(道)의 근원을 삼는다. 염담(恬憺)과 무위(無爲)는 한 몸의 다른 이름이다. 염담무위(恬憺無爲)와 공적영지(空寂靈知)는 성(性)의 내용을 적확(的確)히 밝힌 가르침이다.

黃素道樞論 終

황소도추론후음黃素道樞論後吟

不見불견

逐鹿不見山	축녹불견산
醉霞不見春	취하불견춘
不知求物者	부지구물자
不待聲色出	부대성색출
天欲雨	천욕우
目奄霧	목엄무
僊窟有無	선굴유무

사슴 쫓는 이, 산을 보지 못하고,
노을에 취(醉)한 이, 봄을 못 보네.
물(物)을 구(求)함에 젖은 이여!
소리와 빛깔로 나타남을 기다리지 말지라.
비가 오려는 듯,
안개가 눈앞을 가리네.
신선(神仙)의 토굴이 보일 듯 말 듯.

乎也焉哉 호야언재

東窓春曉睡　동창춘효수
飛鳥吟虛空　비조음허공
令人欻開惺　영인홀개성
調乎也焉哉　조호야언재

동창(東窓)에 봄 새벽(春曉)이 조올고,
나는 새는 허공(虛空)을 읊는구나.
동창(東窓)과 새가 홀연히 사람을 깨우나니
호야언재(乎也焉哉)로 마주 하노라.

* 호야언재(乎也焉哉) : 뜻 없음. 뜻 없음의 묘용(妙用).

皿鉢巵杯 명발치배

寂寂一氣山河遊　적적일기산하유
長天忘世寥寥休　장천망세요요휴
尋尋覓覓者何物　심심멱멱자하물
皿鉢巵杯只是器　명발치배지시기

적적한 일기(一氣)가 산하에 소요하나니
장천은 망세(忘世)라 요요히 쉬누나.
심심(尋尋) 또 멱멱(覓覓)하는 자 누구인가?
사발과 바리와 술잔은 다만 그릇이니라.

황소도추론후기黃素道樞論後記

사천육백여년 전, 황제(黃帝)와 신농씨(神農氏)가 세재(世才)에게 문자(文字)와 농사법(農事法)과 의술(醫術)과 솥(鼎)과 예(禮)를 가르쳤다. 그리고 몇 사람에게 도(道)를 전하였다. 그 도(道)의 내용이 소문(素問)에 가늘게 남아 있다. 남은 문자(文字)가 비록 간명(簡明)하나 도(道)의 대체(大體)에 어긋남이 없는 것이다. 그 말을 더듬어 노자(老子)는 청정(淸淨), 염담(恬憺), 허무(虛無), 불언(不言), 무위(無爲) 등을 인용하였고, 공자(孔子)는 무사(無邪), 무사(無思), 무위(無爲)를 인용하였으며 '黃帝堯舜이 垂衣裳而天下治니라'하여 그 도(道)를 본받은 흔적(痕迹)이 계사(繫辭)에 보인다. 이는 천연(天然)의 지성(至誠)을 두렷이 드러내 보인 것이다. 노자(老子), 공자(孔子), 장자(莊子)의 도(道)를 배우는 이가 어찌 황제(黃帝)의 상어(上語)를 지나칠 수 있으랴! 다만 의서(醫書)를 읽는 이가 간과(看過)하여 황제(黃帝)의 지도(至道)를 보지 못한 까닭에 황제의 도(道)가 세학(世學)에 넓혀지지 못했을 따름이다.

우(愚)가 젊은 날에 우연히 소문(素問)을 읽고 그 지의(指意)를 측지(測知)하였다가 늘그막에 황소도추론(黃素道樞論)을 광편(狂編)하게 된 것이 소이연(所以然)이다. 황소도추론(黃素道樞論)은 다만 뒷사람이 숲을 헤치고 잎과 가지를 걷어내는 수고로움을 덜어주고자 광편(狂編)한 것이다. 도추(道樞)는 장자(莊子)에서 빌린 말이다. 위의 군말로써 후기(後記)를 삼는다.

碧峙病叟

공자오처고설후기孔子五處高說後記

유(儒)를 말하면서도 공자(孔子)의 말씀과 어긋나는 이치를 주장하는 폐단(弊端)이 심해진지 오래이다. 돌아보건대 정주(程朱)의 설이 그 단초가 되고, 후학들이 공지(孔旨)를 살피기는 했으나 자득처(自得處)가 없으면서도 사변(思辨)으로 유설(儒說)을 일으킴이 원인이라 하겠다. 직언(直言)컨대, 대저 자심(自心)을 증험(證驗)한 뒤, 적연부동처(寂然不動處)에 소요(逍遙)한 연후에 입설(立說)하여도 미진처(未盡處)가 남는 것이 심학공부다. 공자(孔子)께서도 지천명(知天命) 이후에 사년을 적연부동처(寂然不動處)에 순숙(純熟)한 이후에 인물을 구하려 주유천하(周遊天下) 하셨음이라, 그 저정(這情)을 보이신 것이다.

우(愚)가 사십 여년 공자의 교설을 살피다가 공자고설(孔子高說)의 오처(五處)를 광편광해(狂編狂解)하여 원고를 밀어 두었는데, 성암(惺巖) 정석태(鄭錫胎)선생이 숙독(熟讀)하고는 출간을 권했다. 이어 은초(隱艸) 공재성(孔在成)선생이 책의 출간을 후원코자 한다. 공재성(孔在成)은 철학(哲學)을 전공하고, 동양사상(東洋思想)을 심구(深究)하였으며, 도심(道心)의 실참(實參)으로 공자상지(孔子上旨)를 구(求)하는 분이다. 또한 공선생은 공자의 칠십칠세손(七十七世孫)이라, 세연(世緣)이 남다르다고 하겠다.

공(孔)선생은 다큐전문 피디, 대구 mbc국장을 은퇴 한 뒤로 동양사상(東洋思想) 탐구에 여생을 보내고 있다. 공자를 배우려는 이에게 이 책이 공자의 진면목(眞面目)을 밝히는 나루가 되기를 희망한다.

高說後記 終

著者 – 노치허盧葘虛.

盧葘虛　字 ; 元亮　號 ; 碧峙病叟, 愚虛

拙跡 – 無學으로 一生을 避世閑遊하다.
片農과 看經默坐로 穴居陋屈하다.
巢峜處의 이름을 三碧峙라 하다.
檀紀4282년 蘆谷紫巖生이다.

著書 – 禪心四家論(학자원)
莊子直解(학자원)
六經撮要 –누가 孔子의 참마음을 보았는가?(학자원)
누가 莊子의 無何有에 逍遙하는가?(학자원)
禪客 –19世紀 韓國의 21禪師 –(학자원)
禪客 蘇東坡(명문당)
누가 摩詰, 東坡, 康節의 淸意味를 보았는가?(학자원)
十三家 心說撮要(학자원)
世俗에 핀 연꽃(대한불교진흥원)
洙泗心經(벽치재)
道家龜鑑的解(벽치재)
老子直解(학자원–未刊)
老子晒觀(학자원–未刊)
般若心經七家解(학자원–未刊, 校訂中)
碧峙漫筆(학자원–未刊, 校訂中)

공자오처고설孔子五處高說

2019년 4월 25일 초판 1쇄 발행

저　자 : 盧葘虛
교　정 : 李時軒, 金德山, 李素虛, 鄭雲堂, 鄭錫胎, 孔在成.
발행인 : 김병환
발행처 : 학자원
주　소 : 서울 강동구 천호대로 1121
전　화 : 02) 6403-1000
팩　스 : 02) 6338-1001
E-mail : hakjaone@daum.net
등　록 : 2011년 3월 24일 제2011-14호

ISBN 979-11-6247-131-9 03140
값 15,000원